한자 자격 검정시험 대비를 위한

한자 능력 검정시험

기출·예상문제집

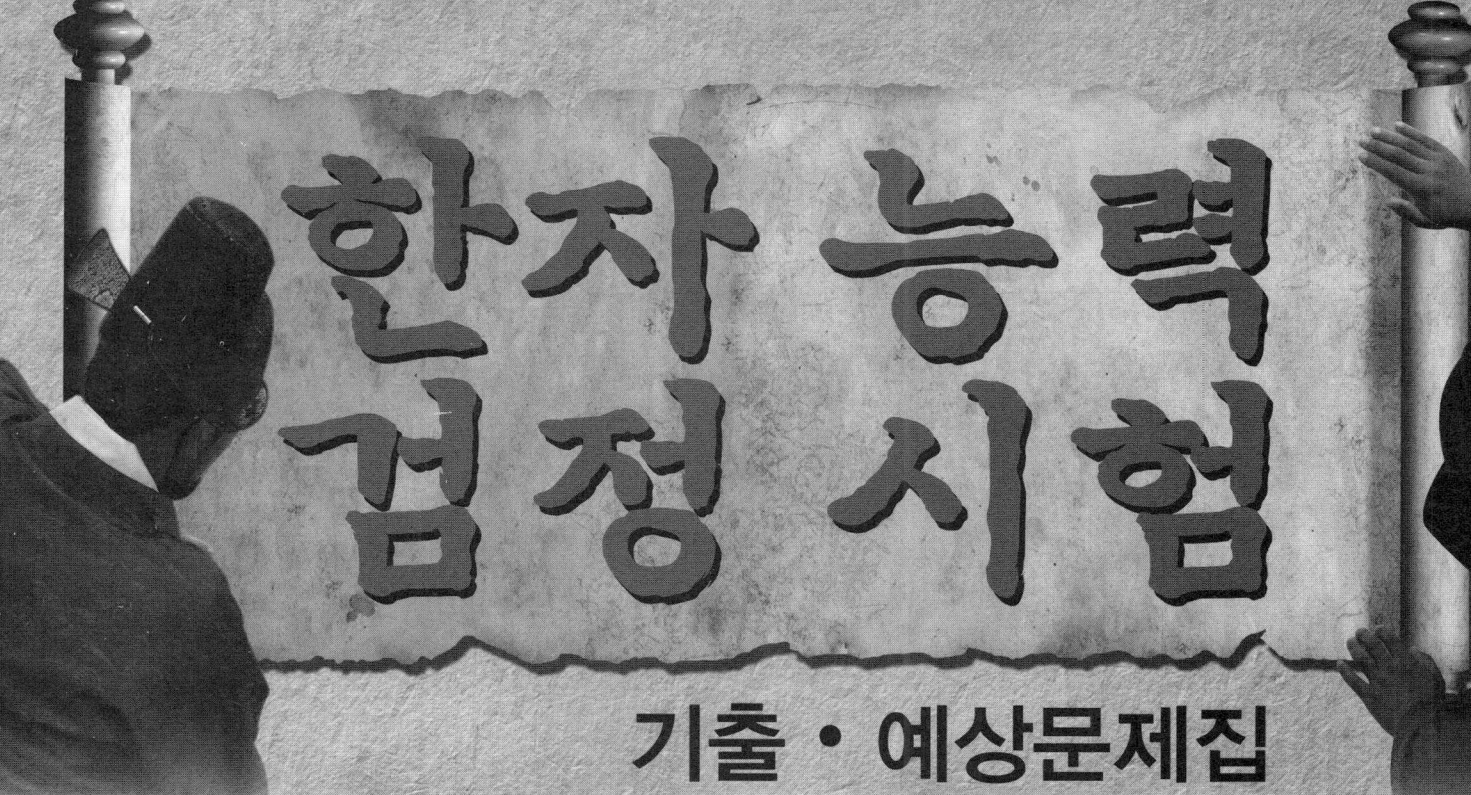

도서출판 스타교육

한자를 알면 미래가 보인다.

이 책은 社團法人 韓國民間資格協會

資格管理者인 한국서예한자자격협회 등이

시행하는 대한민국 한자자격검정시험을 위한

문제은행식 예상문제집으로 출간되었다.

이 책에 실린 문제는 실전문제를 수록하였을 뿐만

아니라 문제집 앞부분에 각 급수마다 배정한자의

훈음은 물론 전 단계 급수 배정한자의 훈음도 함께 실어

한자자격검정시험을 준비하는 수험생의

입장에서 편집하였다.

또한, 매 급수마다 배정한자를 활용한 단어와 뜻을 국어 사전식으로

배열하여 어휘력 증진은 물론 자습서 역할도 할 수 있도록

세심한 배려를 하였다.

이와 같이 여러 가지 유형을 알고 읽고 쓸 줄 안다면

그야말로 해당 급수에서 진정한 실력으로

급수자격을 획득할 수 있으리라 확신하여

이 문제집을 출간하게 되었다.

이 책의 특징

1. 앞 단계 배정한자를 포함한 급수별 배정한자의 훈음을 실었다.

2. 앞 단계 배정한자를 포함하여 문제를 출제하였다.

3. 배정한자의 쓰기본을 실어 누구나 쉽게 익힐 수 있도록 하였다.

4. 각 급수별 선정된 한자의 대표적 훈음을 신활용 옥편을 참고하여 실어 수험생의 자습서 역할도 할 수 있도록 하였다.

5. 각 급수별로 배정된 한자를 훈음 써보기 난과 훈음을 한자로 바꿔 써보기 난을 두어 문제를 풀어보기 전에 배정한자의 훈음을 익힐 수 있도록 하였다.

6. 급수별 배정한자를 활용한 단어와 뜻을 실어 어휘력 향상에도 도움이 될 수 있도록 하였다.

7. 문제의 모범답안을 실어 스스로 실력을 점검해 볼 수 있도록 하였다.

8. 단어를 펜글씨로 써보기 란을 두어 예쁜 글씨를 쓰면서 단어를 익힐 수 있도록 하였다.

■ 출제기준표

문제유형		급수별 분항 비율(%)							예제
		7급	준6급	6급	준5급 5급	준4급 4급	준3급 3급	2급 1급	
읽기	한자어 독음 쓰기	25	10	20	20	20	20	10	孝道(효도)
	문장속 한자어 독음쓰기	*	5	10	10	10	10	10	孝道(효도)는 모든 행실의 근본이다.
	한자훈음쓰기	15	14	20	20	20	20	20	孝(효도효)
쓰기	낱말풀이보고 바꿔쓰기	*	2	5	5	5	5	5	효도:부모를 잘 섬기는 도리=(孝道)
	문장속 낱말 바꿔쓰기	*	5	10	10	10	10	20	효도(孝道)는 모든 행실의 근본이다.
	훈음에 맞는 한자쓰기	*	8	20	20	20	20	25	효도 효(孝)
기타	고사성어 및 사자성어	*	2	2	2	2	2	2	죽어서도 은혜를 갚는다는 뜻을 가진 고사성어는? (結草報恩) 혹은 뜻을 쓰기
	맞는 것 끼리 연결하기	10	*	*	*	*	*	*	서로 맞는 것 끼리 연결하시오.
	반의자 및 동의자	*	2	4	4	4	4	4	다음 한자의 반의자(동의자)를 쓰시오.
	한자어 뜻쓰기	*	1	4	4	4	4	4	孝道:(부모를 잘 섬기는 도리)
	사지선답형	*	*	3	3	3	3	*	다음 뜻이 다르게 쓰인 것은? ①音樂 ②樂器 ③農樂 ④娛樂
	부수 및 획수	*	1	2	2	2	2	2	다음 한자의 부수 및 총획수를 쓰시오.

※ 1. 7급. 준6급(50문항)을 제외한 각 급수별 공히 출제 문항수는 100문항
   2. 한자어 독음쓰기, 한자 훈음 쓰기, 훈음에 맞는 한자쓰기는 2급부터 1급은 1문제당 두 개씩 출제하며 하나만 맞을 경우 0.5점 처리
   3. 각 급수 공히 전단계 해당한자에서 40%, 현단계 해당한자에서 60% 출제함.

■ 각급수별 배정한자

급 수	급수별 배정한자수	비 고	급 수	급수별 배정한자수	비 고
8급	50	교육부 선정 상용한자	준3급	1,400	교육부 선정 상용한자
7급	100		3급	1,800	
6급	250		2급	2,400	학술연구 전문한자
준5급	400		1급	3,500	
5급	600		사범2급	4,000	
준4급	800		사범1급	5,000	
4급	1,000		▷사범 논술시험 100점 추가		

차 례

머리말 ·· 2

이 책의 특징 ·· 3

출제 기준표 ··· 4

차례 ·· 5

한자의 원리 ··· 6

배정한자 훈음 ··· 7

습자본 ·· 9

한자와 훈음 쓰기 ·· 16

기출문제(5회) ·· 27

예상문제(20회) ·· 37

모범답안 ·· 77

한자의 원리

(1)한자의 원리

漢字는 모양(形, 형), 소리(音, 음), 뜻(義, 의)의 3요소로 이루어진 글자로서, 이들 3요소를 결합 원리로 삼고 있다. 이 원리를 육서(六書)라고 하며, 다음과 같이 분류한다.

1 사물의 모양을 본뜬 글자-상형자 (象形字)

처음 한자를 만들 때에는 사물의 모양을 그대로 본떠 글자를 만들었으나 차츰 간단하게 정리되었다. 대개 자연 현상, 인체, 동물과 식물 등을 뜻하는 한자들이 여기에 속한다.

예) ☼ → 日, ☽ → 月, ☂ → 雨

2 생각이나 뜻을 부호로 나타낸 글자-지사자 (指事字)

눈에 보이지 않는 사물의 수나 양, 위치 등을 추상적이고 상징적으로 나타낸 글자다. 물체의 모양으로는 구체적으로 나타낼 수 없는 대상을, 일정한 기준에 따라 선이나 점으로 나타낸다.

예) 上, 下, 中

3 뜻과 뜻을 합한 글자-회의자 (會意字)

이미 만들어진 둘 이상의 글자를 결합하는 방법으로, 그 글자들의 본래 뜻을 살려 새 뜻을 나타내고, 음은 그 글자들과 다른 새로운 음을 취한다.

예) 日 + 月 = 明, 亻 + 木 = 休, 木 + 木 = 林

4 뜻과 음을 합한 글자-형성자(形聲字)

두 글자 이상이 결합하는 것은 회의와 같으나, 한 글자에서는 뜻을, 다른 글자에서는 음을 따 하나의 한자를 만든다는 점에서 회의와 차이가 있다. 이 형성자는 그 수가 매우 많다.

예) 頭 = 豆(두) + 頁(머리), 校 = 木(목) + 交(사귀다)

5 다른 뜻으로 활용되는 글자-전주자 (轉注字)

한 글자의 뜻이 그 비슷한 뜻 안에서 바뀌어 사용되는 경우를 말한다. '樂'은 '음악'이란 뜻인데, 음악을 하면 즐겁고 좋으므로 '즐겁다, 좋다' 라는 뜻으로도 쓰이는 것이 그 예이다.

예) 樂 (풍류악 → 즐거울락 → 좋아할요)

6 음이나 모양을 빌려쓰는 글자-가차자 (假借字)

이미 지니고 있는 의미와는 상관없이 그 글자의 음이나 모양을 빌려서 다른 사물을 나타내는 방법이다. 동물의 울음소리, 한자의 조사, 외래어 등을 표기할 때 쓰인다.

예) France(프랑스) → 佛蘭西, Asia(아시아) → 亞細亞

■ 6급 한자훈음(250자) <▲는 6급 신습한자 150자>

ㄱ
家 집 가▲
角 뿔 각
干 방패 간
間 사이 간▲
艮 머무를 간▲
甘 달 감
江 강 강▲
車 수레 거
　 수레 차
巾 수건 건▲
犬 개 견
見 볼 견
　 나타날 현
計 셈할 계▲
古 옛 고▲
高 높을 고
谷 골 곡
骨 뼈 골▲
工 장인 공
戈 창 과
瓜 오이 과▲
交 사귈 교▲
校 학교 교▲
敎 가르칠 교▲
九 아홉 구
口 입 구
弓 활 궁
鬼 귀신 귀▲
近 가까울 근▲
斤 도끼 근
金 쇠 금
　 성 김

今 이제 금▲
己 몸 기
記 기록할 기▲
氣 기운 기▲

ㄴ
南 남녘 남▲
男 사내 남▲
內 안 내▲
女 계집 녀
年 해 년▲

ㄷ
多 많을 다▲
短 짧을 단▲
答 대답할 답▲
大 큰 대
代 대신할 대▲
刀 칼 도
道 길 도▲
同 한가지 동▲
洞 골 동▲
　 꿰뚫을 통
冬 겨울 동▲
東 동녘 동▲
斗 말 두
豆 콩 두
等 무리 등▲
登 오를 등▲

ㄹ
卵 알 란▲
來 올 래▲
力 힘 력
老 늙을 로▲
鹿 사슴 록▲

龍 용 룡▲
六 여섯 륙
里 마을 리
林 수풀 림▲
立 설 립

ㅁ
馬 말 마
麻 삼 마▲
麥 보리 맥▲
面 낯 면
免 면할 면▲
名 이름 명▲
明 밝을 명▲
母 어머니 모▲
毛 털 모
矛 창 모
木 나무 목
目 눈 목
無 없을 무▲
母 말 무
門 문 문
問 물을 문▲
文 글월 문
米 쌀 미
民 백성 민▲

ㅂ
方 모 방
白 흰 백
百 일백 백▲
卜 점칠 복▲
本 근본 본
阜 언덕 부
夫 사내 부

父 아버지 부
北 북녘 북
　 달아날 배
分 나눌 분▲
不 아니 불▲
　 아니 부
比 견줄 비
非 아닐 비
飛 날 비▲
鼻 코 비▲

ㅅ
四 넉 사
士 선비 사
死 죽을 사▲
絲 실 사
事 일 사
山 뫼 산
三 석 삼
上 위 상▲
色 빛 색
生 날 생
西 서녘 서▲
書 글 서▲
石 돌 석
夕 저녁 석
先 먼저 선▲
舌 혀 설
姓 성 성▲
世 세상 세
小 작을 소
少 젊을 소
所 바 소▲
水 물 수

手 손 수	原 근본 원▲	左 왼 좌▲	ㅍ
首 머리 수▲	遠 멀 원▲	主 주인 주▲	八 여덟 팔
須 모름지기 수▲	月 달 월	住 살 주▲	貝 조개 패
市 저자 시▲	酉 닭 유▲	走 달릴 주	片 조각 편▲
示 보일 시	有 있을 유▲	舟 배 주	品 물건 품▲
矢 화살 시	幼 어릴 유▲	竹 대 죽	風 바람 풍
食 밥 식	肉 고기 육	中 가운데 중▲	皮 가죽 피▲
身 몸 신	乙 새 을	重 무거울 중▲	ㅎ
臣 신하 신	音 소리 음▲	支 지탱할 지	下 아래 하
辛 매울 신▲	邑 고을 읍▲	止 그칠 지	夏 여름 하▲
室 집 실▲	衣 옷 의	之 갈 지▲	學 배울 학
心 마음 심	二 두 이	知 알 지▲	韓 나라이름 한
十 열 십	耳 귀 이	地 땅 지▲	漢 한수 한▲
氏 각시 씨	而 말이을 이▲	至 이를 지▲	合 합할 합▲
ㅇ	人 사람 인	直 곧을 직▲	行 다닐 행
牙 어금니 아▲	一 한 일	辰 별 때 진▲ 신	항렬 항
安 편안 안▲	日 날 일	ㅊ	向 향할 향
夜 밤 야▲	入 들 입	千 일천 천▲	香 향기 향
羊 양 양	ㅈ	天 하늘 천▲	革 가죽 혁
魚 물고기 어	子 아들 자	川 내 천	玄 검을 현
言 말씀 언	字 글자 자	靑 푸를 청	血 피 혈
五 다섯 오	自 스스로 자	初 처음 초▲	穴 구멍 혈
午 낮 오▲	長 긴 장	草 풀 초▲	兄 맏 형
玉 구슬 옥	才 재주 재▲	寸 마디 촌	戶 지게 호
瓦 기와 와	赤 붉을 적▲	秋 가을 추▲	虎 범 호
曰 가로 왈	田 밭 전	春 봄 춘▲	火 불 화
王 임금 왕	全 온전할 전▲	出 날 출▲	花 꽃 화
外 바깥 외▲	前 앞 전▲	蟲 벌레 충▲	禾 벼 화
用 쓸 용	正 바를 정▲	齒 이 치▲	活 살 활▲
右 오른 우▲	弟 아우 제▲	親 친할 친▲	黃 누를 황
牛 소 우	齊 가지런할 제▲	七 일곱 칠	會 모일 회
友 벗 우	鳥 새 조	ㅌ	孝 효도 효
雨 비 우	朝 아침 조▲	土 흙 토	後 뒤 후▲
又 또 우	爪 손톱 조▲		休 쉴 휴
羽 깃 우▲	足 발 족		黑 검을 흑▲

6급 급수한자

※ 획수는 총획수를 나타냄

한자						한자					
東	東					前	前				
동녘동	木 8획					앞 전	刀 9획				
西	西					後	後				
서녘서	西 6획					뒤 후	彳 9획				
南	南					春	春				
남녘남	十 9획					봄 춘	日 9획				
北	北					夏	夏				
북녘북	匕 5획					여름하	夊 10획				
內	內					秋	秋				
안 내	入 4획					가을추	禾 9획				
外	外					冬	冬				
바깥외	夕 5획					겨울동	冫 5획				
左	左					天	天				
왼 좌	工 5획					하늘천	大 4획				
右	右					地	地				
오른우	口 5획					땅 지	土 6획				
兄	兄					上	上				
맏 형	儿 5획					윗 상	一 3획				
弟	弟					下	下				
아우제	弓 7획					아래하	一 3획				
問	問					古	古				
물을문	口 11획					옛 고	口 5획				
答	答					今	今				
대답답	竹 12획					이제금	人 4획				

▶ 글씨는 정자로 바르게 씁시다.

年　　　月　　　日　　　　　　　　　　　　　　　　　　　　　　　　※ 획수는 총획수를 나타냄

遠	멀 원	辶 14획					市	저자시	巾 5획			
近	가까울근	辶 8획					民	백성민	氏 5획			
學	배울학	子 16획					母	어머니모	毋 5획			
校	학교교	木 10획					親	친할친	見 16획			
敎	가르칠교	攴 11획					齊	가지런할제	齊 14획			
室	집 실	宀 9획					家	집 가	宀 10획			
蟲	벌레충	虫 18획					多	많을다	夕 6획			
齒	이 치	齒 15획					少	젊을소	小 4획			
姓	성 성	女 8획					老	늙을로	耂 6획			
名	이름명	口 6획					年	해 년	干 6획			
漢	한수한	氵 14획					出	날 출	凵 5획			
字	글자자	子 6획					世	세상세	一 5획			

▶ 글씨는 정자로 바르게 씁시다.

年　月　日　　　　　　　　　　　　　　　　　　　　　　　　※ 획수는 총획수를 나타냄

正	正					死	死				
바를정	止 5획					죽을사	歹 6획				
直	直					活	活				
곧을직	目 8획					살활	氵 9획				
孝	孝					夜	夜				
효도효	子 7획					밤야	夕 8획				
道	道					間	間				
길도	辶 13획					사이간	門 12획				
住	住					安	安				
살주	人 7획					편안안	宀 6획				
所	所					全	全				
바소	戶 8획					온전할전	入 6획				
有	有					初	初				
있을유	月 6획					처음초	刀 7획				
無	無					等	等				
없을무	灬 12획					무리등	竹 12획				
風	風					分	分				
바람풍	風 9획					나눌분	刀 4획				
向	向					明	明				
향할향	口 6획					밝을명	日 8획				
合	合					氣	氣				
합할합	口 6획					기운기	气 10획				
同	同					品	品				
한가지동	口 6획					물건품	口 9획				

▶ 글씨는 정자로 바르게 씁시다.

年　月　日　　　　　　　　　　　　　　　　　　　　　※ 획수는 총획수를 나타냄

王	王				主	主			
임금 왕	玉 4획				주인 주	丶 5획			
朝	朝				事	事			
아침 조	月 12획				일 사	亅 8획			
皮	皮				免	免			
가죽 피	皮 5획				면할 면	儿 7획			
革	革				巾	巾			
가죽 혁	革 9획				수건 건	巾 3획			
花	花				卜	卜			
꽃 화	艹 8획				점칠 복	卜 2획			
草	草				卵	卵			
풀 초	艹 10획				알 란	卩 7획			
知	知				之	之			
알 지	矢 8획				갈 지	丿 4획			
音	音				爪	爪			
소리 음	音 9획				손톱 조	爪 4획			
龍	龍				才	才			
용 룡	龍 16획				재주 재	才 3획			
虎	虎				中	中			
범 호	虍 8획				가운데 중	丨 4획			
片	片				千	千			
조각 편	片 4획				일천 천	十 3획			
舟	舟				不	不			
배 주	舟 6획				아니 불	一 4획			

▶ 글씨는 정자로 바르게 씁시다.

年　　月　　日　　　　　　　　　　　　　　　　　　　　　　　　※ 획수는 총획수를 나타냄

午	午					休	休				
낮 오	十 4획					쉴 휴	人 6획				
而	而					羽	羽				
말이을이	而 6획					깃 우	羽 6획				
友	友					交	交				
벗 우	又 4획					사귈교	亠 6획				
瓜	瓜					艮	艮				
오이과	瓜 5획					머무를간	艮 6획				
母	母					江	江				
말 무	毋 4획					강 강	氵 6획				
矛	矛					百	百				
창 모	矛 5획					일백백	白 6획				
牙	牙					代	代				
어금니아	牙 4획					대신할대	人 5획				
幼	幼					赤	赤				
어릴유	幺 5획					붉을적	赤 7획				
本	本					至	至				
근본본	木 5획					이를지	至 6획				
夫	夫					瓦	瓦				
사내부	大 4획					기와와	瓦 5획				
玄	玄					辛	辛				
검을현	玄 5획					매울신	辛 7획				
穴	穴					酉	酉				
구멍혈	穴 5획					닭 유	酉 7획				

▶ 글씨는 정자로 바르게 씁시다.

年　　月　　日　　　　　　　　　　　　　　　　　　　　　　　※ 획수는 총획수를 나타냄

書	書					記	記				
글 서	日 10획					기록할기	言 10획				
先	先					計	計				
먼저선	儿 6획					셈할계	言 9획				
辰	辰					骨	骨				
별 진	辰 7획					뼈 골	骨 10획				
首	首					鬼	鬼				
머리수	首 9획					귀신귀	鬼 10획				
邑	邑					男	男				
고을읍	邑 7획					사내남	田 7획				
原	原					短	短				
근본원	厂 10획					짧을단	矢 12획				
絲	絲					洞	洞				
실 사	糸 12획					골 동	氵 9획				
須	須					鹿	鹿				
모름지기수	頁 12획					사슴록	鹿 11획				
林	林					麥	麥				
수풀림	木 8획					보리맥	麥 11획				
來	來					登	登				
올 래	人 8획					오를등	癶 12획				
阜	阜					重	重				
언덕부	阜 8획					무거울중	里 9획				
麻	麻					香	香				
삼 마	麻 11획					향기향	香 9획				

▶ 글씨는 정자로 바르게 씁시다.

年　　月　　日　　　　　　　　　　　　　　　　　　　　※ 획수는 총획수를 나타냄

韓	韓					飛	飛				
나라이름한	韋 17획					날 비	飛 9획				
黃	黃					鼻	鼻				
누를황	黃 12획					코 비	鼻 14획				
會	會					黑	黑				
모일회	日 13획					검을흑	黑 12획				

▶ 글씨는 정자로 바르게 씁시다.

■ 다음 한자의 훈음을 써봅시다. (7~8쪽을 참고 하시오.)

본보기 : 父 (아버지 부)

家(　　) 今(　　) 洞(　　) 名(　　) 不(　　)

間(　　) 氣(　　) 東(　　) 母(　　) 飛(　　)

艮(　　) 記(　　) 登(　　) 矛(　　) 鼻(　　)

江(　　) 南(　　) 等(　　) 母(　　) 死(　　)

巾(　　) 男(　　) 卵(　　) 無(　　) 事(　　)

計(　　) 內(　　) 來(　　) 問(　　) 絲(　　)

古(　　) 年(　　) 老(　　) 民(　　) 上(　　)

骨(　　) 多(　　) 鹿(　　) 百(　　) 西(　　)

瓜(　　) 短(　　) 龍(　　) 卜(　　) 書(　　)

交(　　) 答(　　) 林(　　) 本(　　) 先(　　)

敎(　　) 代(　　) 麻(　　) 夫(　　) 姓(　　)

校(　　) 道(　　) 麥(　　) 阜(　　) 世(　　)

鬼(　　) 冬(　　) 免(　　) 北(　　) 所(　　)

近(　　) 同(　　) 明(　　) 分(　　) 少(　　)

首( )	遠( )	爪( )	初( )	合( )
須( )	有( )	左( )	秋( )	向( )
市( )	酉( )	主( )	春( )	香( )
辛( )	幼( )	舟( )	出( )	革( )
室( )	音( )	住( )	蟲( )	玄( )
牙( )	邑( )	中( )	齒( )	穴( )
安( )	而( )	重( )	親( )	兄( )
夜( )	字( )	地( )	片( )	虎( )
午( )	才( )	至( )	品( )	花( )
瓦( )	赤( )	知( )	風( )	活( )
王( )	全( )	之( )	皮( )	黃( )
外( )	前( )	直( )	下( )	會( )
右( )	正( )	辰( )	夏( )	孝( )
友( )	弟( )	千( )	學( )	後( )
羽( )	齊( )	天( )	漢( )	休( )
原( )	朝( )	草( )	韓( )	黑( )

■ 다음의 훈음에 한자를 써봅시다. (7~8쪽을 참고 하시오.)

본보기 : 어머니 모 (**母**)

| 집 **가**( ) | 이제 **금**( ) | 겨울 **동**( ) | 밝을 **명**( ) | 아니 **불**( ) |

사이 **간**( ) 기록할 **기**( ) 동녘 **동**( ) 어머니 **모**( ) 날 **비**( )

머무를 **간**( ) 기운 **기**( ) 무리 **등**( ) 창 **모**( ) 코 **비**( )

강 **강**( ) 남녘 **남**( ) 오를 **등**( ) 없을 **무**( ) 죽을 **사**( )

수건 **건**( ) 사내 **남**( ) 알 **란**( ) 말 **무**( ) 실 **사**( )

셈할 **계**( ) 안 **내**( ) 올 **래**( ) 물을 **문**( ) 일 **사**( )

옛 **고**( ) 해 **년**( ) 늙을 **로**( ) 백성 **민**( ) 위 **상**( )

뼈 **골**( ) 많을 **다**( ) 사슴 **록**( ) 일백 **백**( ) 서녘 **서**( )

오이 **과**( ) 짧을 **단**( ) 용 **룡**( ) 점칠 **복**( ) 글 **서**( )

사귈 **교**( ) 대답할 **답**( ) 수풀 **림**( ) 근본 **본**( ) 먼저 **선**( )

학교 **교**( ) 대신할 **대**( ) 삼 **마**( ) 언덕 **부**( ) 성 **성**( )

가르칠 **교**( ) 길 **도**( ) 보리 **맥**( ) 사내 **부**( ) 세상 **세**( )

귀신 **귀**( ) 한가지 **동**( ) 면할 **면**( ) 북녘 **북**( ) 바 **소**( )

가까울 **근**( ) 골 **동**( ) 이름 **명**( ) 나눌 **분**( ) 젊을 **소**( )

머리 수(　　)　멀 원(　　)　손톱 조(　　)　풀 초(　　)　합할 합(　　)

모름지기수(　　)　닭 유(　　)　왼 좌(　　)　가을 추(　　)　향할 향(　　)

저자 시(　　)　있을 유(　　)　주인 주(　　)　봄 춘(　　)　향기 향(　　)

매울 신(　　)　어릴 유(　　)　살 주(　　)　날 출(　　)　가죽 혁(　　)

집 실(　　)　소리 음(　　)　배 주(　　)　벌레 충(　　)　검을 현(　　)

어금니 아(　　)　고을 읍(　　)　가운데 중(　　)　이 치(　　)　구멍 혈(　　)

편안 안(　　)　말이을 이(　　)　무거울 중(　　)　친할 친(　　)　맏 형(　　)

밤 야(　　)　글자 자(　　)　갈 지(　　)　조각 편(　　)　범 호(　　)

낮 오(　　)　재주 재(　　)　알 지(　　)　물건 품(　　)　꽃 화(　　)

기와 와(　　)　붉을 적(　　)　땅 지(　　)　바람 풍(　　)　살 활(　　)

임금 왕(　　)　온전할 전(　　)　이를 지(　　)　가죽 피(　　)　누를 황(　　)

바깥 외(　　)　앞 전(　　)　곧을 직(　　)　아래 하(　　)　모일 회(　　)

오른 우(　　)　바를 정(　　)　별 진(　　)　여름 하(　　)　효도 효(　　)

벗 우(　　)　아우 제(　　)　일천 천(　　)　배울 학(　　)　뒤 후(　　)

깃 우(　　)　가지런할 제(　　)　하늘 천(　　)　나라이름 한(　　)　쉴 휴(　　)

근본 원(　　)　아침 조(　　)　처음 초(　　)　한수 한(　　)　검을 흑(　　)

■ 다음 단어의 독음을 (　　) 안에 써봅시다.

본보기 : 父母 (부모) 아버지와 어머니

① 家口(　　) 집안 식구

② 古今(　　) 옛적과 지금

③ 古事(　　) 옛적의 일

④ 工夫(　　) 학문을 배움

⑤ 交代(　　) 서로 번갈아 들어 대신함

⑥ 敎本(　　) 교과서

⑦ 敎室(　　) 학교에서 교수하는 방

⑧ 交友(　　) 벗을 사귐

⑨ 近來(　　) 가까운 요즈음

⑩ 今年(　　) 올 해

⑪ 記事(　　) 사실을 적음

⑫ 男女(　　) 남자와 여자

⑬ 老少(　　) 늙은이와 젊은이

⑭ 多少(　　) 분량이나 정도의 많음과 적음

⑮ 代身(　　) 남을 대리함

⑯ 大地(　　) 대자연 속의 넓고 큰 땅

⑰ 冬至(　　) 24절후의 하나. 양력 12월 22~23일

⑱ 登校(　　) 학교에 나감

⑲ 名言(　　) 이치에 들어맞는 훌륭한 말

⑳ 母校(　　) 자기가 졸업한 학교

㉑ 問答(　　) 물음과 대답

㉒ 問安(　　) 웃어른께 안부를 여쭘

㉓ 民間(　　) 일반 국민의 사회

㉔ 民心(　　) 국민의 마음

㉕ 方今(　　) 바로 이제. 금방

㉖ 方向(　　) 향하는 쪽

㉗ 百姓(　　) 일반 국민의 예스러운 말

㉘ 夫人(　　) 남의 아내의 높임말

㉙ 不足(　　) 넉넉하지 못함. 모자람

㉚ 父親(　　) 아버지

㉛ 分明(　　) 확실히. 틀림없이

㉜ 死力(　　) 죽을 힘

㉝ 死活(　　) 죽느냐 사느냐의 갈림

㉞ 先親(　　) 돌아간 자기의 아버지

㉟ 姓名(　　) 성과 이름

㊱ 姓氏(　　) '성'의 경칭

㊲ 手記(　　) 체험을 손수 적음

㊳ 安心(　　) 마음을 편안히 가짐

㊴ 夜間(　　) 해가 져서 뜰 때까지. 밤사이

㊵ 羊皮(　　) 양의 가죽

㊶ 午前(　　) 아침부터 정오까지의 동안
㊷ 外家(　　) 어머니의 친정
㊸ 外交(　　) 외국과의 교제. 타인과의 교제
㊹ 遠大(　　) 규모가 큼. 뜻이 큼
㊺ 原文(　　) 개찬. 번역한 것 등에 대한 본디의 문장
㊻ 原本(　　) 등본. 초본의 근본이 되는 문서
㊼ 人品(　　) 사람의 품격
㊽ 日記(　　) 날마다 생긴 일, 느낌 등을 적은 기록
㊾ 入住(　　) 새로 지은 집 등에 들어가 삶
㊿ 立秋(　　) 24절기의 열 셋째. 양력 8월 8.9일경
(51) 立夏(　　) 24절기의 일곱째. 양력 5월 5.6일경
(52) 自手(　　) 자기의 손. 자기 혼자의 노력
(53) 自活(　　) 제 힘으로 생활함
(54) 長短(　　) 긴 것과 짧은 것. 장점과 단점
(55) 赤字(　　) 지출이 수입을 초과하여 결손이 나는 일
(56) 正答(　　) 옳은 답
(57) 正直(　　) 거짓이 없이 마음이 바르고 곧음
(58) 弟子(　　) 스승의 가르침을 받는 자
(59) 住民(　　) 그 땅에 사는 백성
(60) 住所(　　) 생활의 본거인 장소
(61) 至大(　　) 더 없이 큼
(62) 直角(　　) 수평선과 수직선이 이루는 각
(63) 靑年(　　) 청춘기에 있는 젊은 사람

(64) 草原(　　) 풀이 난 들
(65) 秋夕(　　) 우리나라 명절의 하나. 한가위
(66) 出馬(　　) 선거 등에 입후보함
(67) 出血(　　) 혈액이 혈관 밖으로 나옴
(68) 齒牙(　　) '이'의 점잖은 일컬음
㊉ 親分(　　) 친밀한 정분
㊉ 親知(　　) 서로 잘 알고 친근하게 지내는 사람
㊉ 片道(　　) 가고 오는 길 중 어느 한 쪽
㊉ 品名(　　) 물품의 이름
㊉ 風力(　　) 바람의 힘. 사람의 위력
㊉ 風向(　　) 바람이 부는 방향
㊉ 夏至(　　) 24절기의 하나. 양력 6월 21일경
㊉ 學校(　　) 교육을 실시하는 기관
㊉ 漢文(　　) 한자로 쓴 글
㊉ 漢字(　　) 중국의 글자
㊉ 合計(　　) 많은 수나 양을 합하여 셈함
㊉ 合同(　　) 둘 이상을 하나로 함
㊉ 香氣(　　) 향냄새
㊉ 火氣(　　) 불기운
㊉ 活魚(　　) 살아있는 물고기
㊉ 會計(　　) 따져서 셈함
㊉ 孝行(　　) 부모를 잘 섬기는 행실

■ 다음의 단어를 (　　　) 안에 한자로 써봅시다.

본보기 : 부모 (父母) 아버지와 어머니

① 가구(　　　) 집안 식구
② 고금(　　　) 옛적과 지금
③ 고사(　　　) 옛적의 일
④ 공부(　　　) 학문을 배움
⑤ 교대(　　　) 서로 번갈아 들어 대신함
⑥ 교본(　　　) 교과서
⑦ 교실(　　　) 학교에서 교수하는 방
⑧ 교우(　　　) 벗을 사귐
⑨ 근래(　　　) 가까운 요즈음
⑩ 금년(　　　) 올 해
⑪ 기사(　　　) 사실을 적음
⑫ 남녀(　　　) 남자와 여자
⑬ 노소(　　　) 늙은이와 젊은이
⑭ 다소(　　　) 분량이나 정도의 많음과 적음
⑮ 대신(　　　) 남을 대리함
⑯ 대지(　　　) 대자연 속의 넓고 큰 땅
⑰ 동지(　　　) 24절후의 하나. 양력 12월 22~23일
⑱ 등교(　　　) 학교에 나감
⑲ 명언(　　　) 이치에 들어맞는 훌륭한 말
⑳ 모교(　　　) 자기가 졸업한 학교

㉑ 문답(　　　) 물음과 대답
㉒ 문안(　　　) 웃어른께 안부를 여쭘
㉓ 민간(　　　) 일반 국민의 사회
㉔ 민심(　　　) 국민의 마음
㉕ 방금(　　　) 바로 이제. 금방
㉖ 방향(　　　) 향하는 쪽
㉗ 백성(　　　) 일반 국민의 예스러운 말
㉘ 부인(　　　) 남의 아내의 높임말
㉙ 부족(　　　) 넉넉하지 못함. 모자람
㉚ 부친(　　　) 아버지
㉛ 분명(　　　) 확실히. 틀림없이
㉜ 사력(　　　) 죽을 힘
㉝ 사활(　　　) 죽느냐 사느냐의 갈림
㉞ 선친(　　　) 돌아간 자기의 아버지
㉟ 성명(　　　) 성과 이름
㊱ 성씨(　　　) '성'의 경칭
㊲ 수기(　　　) 체험을 손수 적음
㊳ 안심(　　　) 마음을 편안히 가짐
㊴ 야간(　　　) 해가 져서 뜰 때까지. 밤사이
㊵ 양피(　　　) 양의 가죽

㊶ 오전(	) 아침부터 정오까지의 동안		㊽ 초원(	) 풀이 난 들
㊷ 외가(	) 어머니의 친정		㊺ 추석(	) 우리나라 명절의 하나. 한가위
㊸ 외교(	) 외국과의 교제. 타인과의 교제		㊻ 출마(	) 선거 등에 입후보함
㊹ 원대(	) 규모가 큼. 뜻이 큼		㊼ 출혈(	) 혈액이 혈관 밖으로 나옴
㊺ 원문(	) 개찬. 번역한 것 등에 대한 본디의 문장		㊽ 치아(	) '이'의 점잖은 일컬음
㊻ 원본(	) 등본. 초본의 근본이 되는 문서		㊾ 친분(	) 친밀한 정분
㊼ 인품(	) 사람의 품격		㊿ 친지(	) 서로 잘 알고 친근하게 지내는 사람
㊽ 일기(	) 날마다 생긴 일, 느낌 등을 적은 기록		71 편도(	) 가고 오는 길 중 어느 한 쪽
㊾ 입주(	) 새로 지은 집 등에 들어가 삶		72 품명(	) 물품의 이름
㊿ 입추(	) 24절기의 열 셋째. 양력 8월 8.9일경		73 풍력(	) 바람의 힘. 사람의 위력
51 입하(	) 24절기의 일곱째. 양력 5월 5.6일경		74 풍향(	) 바람이 부는 방향
52 자수(	) 자기의 손. 자기 혼자의 노력		75 하지(	) 24절기의 하나. 양력 6월 21일경
53 자활(	) 제 힘으로 생활함		76 학교(	) 교육을 실시하는 기관
54 장단(	) 긴 것과 짧은 것. 장점과 단점		77 한문(	) 한자로 쓴 글
55 적자(	) 지출이 수입을 초과하여 결손이 나는 일		78 한자(	) 중국의 글자
56 정답(	) 옳은 답		79 합계(	) 많은 수나 양을 합하여 셈함
57 정직(	) 거짓이 없이 마음이 바르고 곧음		80 합동(	) 둘 이상을 하나로 함
58 제자(	) 스승의 가르침을 받는 자		81 향기(	) 향냄새
59 주민(	) 그 땅에 사는 백성		82 화기(	) 불기운
60 주소(	) 생활의 본거인 장소		83 활어(	) 살아있는 물고기
61 지대(	) 더 없이 큼		84 회계(	) 따져서 셈함
62 직각(	) 수평선과 수직선이 이루는 각		85 효행(	) 부모를 잘 섬기는 행실
63 청년(	) 청춘기에 있는 젊은 사람			

■ 다음의 고사성어(사자논술)의 독음을 (　　)안에 써봅시다.

① 九死一生(　　　　　)
  ▸ 죽을 고비를 여러 차례 겪고 겨우 살아남.

② 南男北女(　　　　　)
  ▸ 우리나라에서 남쪽은 남자가 북쪽지방은 여자가 더 아름답다는 말

③ 東問西答(　　　　　)
  ▸ 묻는 말에 당치도 않은 대답을 함.

④ 馬耳東風(　　　　　)
  ▸ 남의 말을 귀담아 듣지 않고 곧 흘려 버림을 이르는 말

⑤ 明明白白(　　　　　)
  ▸ 아주 똑똑하게 나타난 모양을 뜻함.

⑥ 百年大計(　　　　　)
  ▸ 먼 뒷날까지에 걸친 큰 계획을 뜻함.

⑦ 不老長生(　　　　　)
  ▸ 늙지 않고 오래 산다는 뜻

⑧ 三十六計(　　　　　)
  ▸ 뺑소니나 36가지의 꾀를 뜻함.

⑨ 三日天下(　　　　　)
  ▸ 짧은 동안 정권을 잡았다가 곧 실패함을 뜻함.

⑩ 生面不知(　　　　　)
  ▸ 서로 만나 본 일이 없어 도무지 모르는 사이

⑪ 先見之明(　　　　　)
  ▸ 일을 미리 짐작하는 밝은 지혜

⑫ 水魚之交(　　　　　)
  ▸ 아주 친밀하여 떨어질 수 없는 사이

⑬ 十中八九(　　　　　)
  ▸ 열 가운데 여덟이나 아홉이 된다는 말로 거의 다 됨을 일컫는 말

⑭ 言中有骨(　　　　　)
  ▸ 예사로운 말 가운데 단단한 뜻이 들어 있다는 말

⑮ 一問一答(　　　　　)
  ▸ 한 번 묻는데 대해 한 번 대답함.

⑯ 一長一短(　　　　　)
  ▸ 장점도 있고 단점도 있음.

⑰ 自問自答(　　　　　)
  ▸ 제가 묻고 제가 답함.

⑱ 鳥足之血(　　　　　)
  ▸ 새 발의 피라고도 하며 극히 적은 분량의 비유에 쓰이는 말

⑲ 左之右之(　　　　　)
  ▸ 제 마음대로 처리하거나 남을 마음대로 지휘함을 뜻함.

⑳ 竹馬之友(　　　　　)
  ▸ 어렸을 때부터의 친한 벗

㉑ 之東之西(　　　　　)
  ▸ 이리 저리 갈팡질팡함을 뜻하는 말

㉒ 靑天白日(　　　　　)
  ▸ '맑게 갠 날'이나 원죄가 판명돼 무죄가 됨.

■ 다음 고사성어(사자논술)를 (   )안에 한자로 써봅시다.

① 구사일생 (   )
  • 죽을 고비를 여러 차례 겪고 겨우 살아남.

② 남남북녀 (   )
  • 우리나라에서 남쪽은 남자가 북쪽지방은 여자가 더 아름답다는 말

③ 동문서답 (   )
  • 묻는 말에 당치도 않은 대답을 함.

④ 마이동풍 (   )
  • 남의 말을 귀담아 듣지 않고 곧 흘려 버림을 이르는 말

⑤ 명명백백 (   )
  • 아주 똑똑하게 나타난 모양을 뜻함.

⑥ 백년대계 (   )
  • 먼 뒷날까지에 걸친 큰 계획을 뜻함.

⑦ 불로장생 (   )
  • 늙지 않고 오래 산다는 뜻

⑧ 삼십육계 (   )
  • 뺑소니나 36가지의 꾀를 뜻함.

⑨ 삼일천하 (   )
  • 짧은 동안 정권을 잡았다가 곧 실패함을 뜻함.

⑩ 생면부지 (   )
  • 서로 만나 본 일이 없어 도무지 모르는 사이

⑪ 선견지명 (   )
  • 일을 미리 짐작하는 밝은 지혜

⑫ 수어지교 (   )
  • 아주 친밀하여 떨어질 수 없는 사이

⑬ 십중팔구 (   )
  • 열 가운데 여덟이나 아홉이 된다는 말로 거의 다 됨을 일컫는 말

⑭ 언중유골 (   )
  • 예사로운 말 가운데 단단한 뜻이 들어 있다는 말

⑮ 일문일답 (   )
  • 한 번 묻는데 대해 한 번 대답함.

⑯ 일장일단 (   )
  • 장점도 있고 단점도 있음.

⑰ 자문자답 (   )
  • 제가 묻고 제가 답함.

⑱ 조족지혈 (   )
  • 새 발의 피라고도 하며 극히 적은 분량의 비유에 쓰이는 말

⑲ 좌지우지 (   )
  • 제 마음대로 처리하거나 남을 마음대로 지휘함을 뜻함.

⑳ 죽마지우 (   )
  • 어렸을 때부터의 친한 벗

㉑ 지동지서 (   )
  • 이리 저리 갈팡질팡함을 뜻하는 말

㉒ 청천백일 (   )
  • '맑게 갠 날'이나 원죄가 판명돼 무죄가 됨.

6급 기출문제 1회

대한민국한자자격검정시험   성명 (   )   점수   점

가. 다음 한자어의 독음을 쓰시오.

보기 : 孝道 (효도)

1) 內外 (   )   11) 有無 (   )
2) 左右 (   )   12) 敎室 (   )
3) 前後 (   )   13) 孝行 (   )
4) 兄弟 (   )   14) 重大 (   )
5) 天地 (   )   15) 少女 (   )
6) 春夏 (   )   16) 學校 (   )
7) 上下 (   )   17) 玉色 (   )
8) 問答 (   )   18) 江山 (   )
9) 秋冬 (   )   19) 南北 (   )
10) 古今 (   )   20) 東西 (   )

나. 다음 상대되는 한자를 보기에서 찾아 쓰시오

보기 : 下. 地. 多. 外

21) 天   ↔   (   )
22) 內   ↔   (   )

다. 다음 비슷한 한자를 보기에서 찾아쓰시오.

보기 : 活(살활). 夫(사내부) 革(가죽혁)

23) 生   ↔   (   )
24) 皮   ↔   (   )

라. 다음 부수와 총 획수를 쓰시오.

禾부9 . 禾부10   水부8. 木부8

25) 秋 :   부   획
26) 東 :   부   획

마. 다음 한자의 훈음을 쓰시오.

보기 : 孝 (효도 효)

27) 前 (   )   37) 後 (   )
28) 七 (   )   38) 春 (   )
29) 天 (   )   39) 夏 (   )
30) 九 (   )   40) 秋 (   )
31) 南 (   )   41) 冬 (   )
32) 北 (   )   42) 今 (   )
33) 左 (   )   43) 古 (   )
34) 右 (   )   44) 兄 (   )
35) 乙 (   )   45) 弟 (   )
36) 男 (   )   46) 正 (   )

바. 다음의 단어를 한자로 바꿔 쓰시오.

보기 : 上下. 多少. 正直. 分明. 男女

47) 상하 : 위와 아래   (   )
48) 정직 : 바르고 곧음.   (   )
49) 분명 : 확실히 틀림없음   (   )
50) 남녀 : 남자와 여자   (   )
51) 다소 : 많고 적음   (   )

사. 다음 한자어를 우리글로 쓰시오.

참고 : 효도.성명.정직.형제

52) 姓名 (   )
53) 孝道 (   )
54) 兄弟 (   )
55) 正直 (   )

아. 다음 밑줄친 한자의 독음을 쓰시오.

참고: 동문.백옥.다년.성명.초목.이장.천재.죽림.정직.출세

56) 네 살갗은 <u>白玉</u>처럼 희구나!
( )

57) 내친구는 운동으로 <u>出世</u>했다.
( )

58) 같은 학교 <u>同門</u>들이어서 더욱 반갑다.
( )

59) 외국에서 <u>多年</u> 간 생활하고 돌아왔다.
( )

60) 길옆에는 <u>草木</u>이 무성하게 자랐다.
( )

61) 이력서에 <u>姓名</u>을 기재해야 한다
( )

62) <u>天才</u>와 둔재는 백지 한 장 차이라 한다.
( )

63) 우리 마을 <u>里長</u>은 봉사정신이 투철하다. ( )

64) 자신에게 <u>正直</u>해야 큰일을 한다.
( )

65) <u>竹林</u> 칠현에 대해서 알고 싶습니다.
( )

자. 다음 물음에 알맞은 답을 쓰시오.

66) "車"의 음이 다르게 쓰인 것은? ( )
① 馬車 ② 人力車 ③ 車道 ④ 白車

67) "金"의 뜻이 다르게 쓰인 것은? ( )
① 一金 ② 金言 ③ 入金 ④ 出金

68) 住의 부수로 맞는 것은? ( )
① 亻 ② 木 ③ 麥 ④ 夕

차. 다음의 한자성어를 우리글로 쓰시오.

69) 한 번 묻는 데 대해 한 번 대답함.
(一問一答) ( )

70) 한 가지 일을 하여 두 가지 이득을 얻음.
(一擧兩得) ( )

카. 다음 훈음에 맞는 한자를 쓰시오.

참고: 古.下.今.東.冬.日.天.地.
外.父.母.川.年.內.七.左.三.叁.木.西.

71) 아래 하( ) 81) 날 일( )
72) 이제 금( ) 82) 하늘 천( )
73) 옛 고( ) 83) 밖 외( )
74) 동녘 동( ) 84) 땅 지( )
75) 겨울 동( ) 85) 아버지부( )
76) 서녘 서( ) 86) 어머니모( )
77) 안 내( ) 87) 해 년( )
78) 왼 좌( ) 88) 나무 목( )
79) 석 삼( ) 89) 내 천( )
80) 일곱 칠( ) 90) 바를 정( )

타. 다음 밑줄친 단어를 한자로 고쳐 쓰시오.

참고: 住所. 火. 分明. 老少. 蟲齒. 日氣.
漢字. 夜間. 來日. 火車. 水

91) 자기의 의사를 <u>분명</u>히 해야 한다.
( )

92) 배움에는 <u>노소</u>가 없다. ( )

93) <u>일기</u> 예보 시간이 기다려진다.( )

94) 매주 <u>화</u> 요일에 서예공부를 한다.
( )

95) 치과에 가서 <u>충치</u>를 제거했다.
( )

96) <u>야간</u>에는 차량통행이 드물어 진다
( )

97) 당신의 이름을 <u>한자</u>로 써 주십시오.
( )

98) 오늘 할 일을 <u>내일</u>로 미루지 말라.
( )

99) 기차를 <u>화차</u>라고도 한다. ( )

100) <u>주소</u>는 한자로 쓸 줄 알아야 한다.
( )

6급 기출문제 2회

대한민국한자자격검정시험   성명(   )   점수   점

가. 다음 한자어의 독음을 쓰시오.

참고 : 孝道 (효도)

1) 少女 (   )   11) 音色 (   )
2) 兄弟 (   )   12) 香草 (   )
3) 靑白 (   )   13) 甘言 (   )
4) 合同 (   )   14) 重大 (   )
5) 百姓 (   )   15) 孝行 (   )
6) 日記 (   )   16) 近代 (   )
7) 戶主 (   )   17) 正直 (   )
8) 知己 (   )   18) 江山 (   )
9) 玉色 (   )   19) 不孝 (   )
10) 全面 (   )   20) 弟子 (   )

나. 다음 한자의 뜻이 상대되는 한자를 쓰시오.

참고 : 上 ↔ (下) 地. 知. 短. 小.

21) 天 ↔ (   )
22) 長 ↔ (   )

다. 다음 한자의 뜻이 비슷한 한자를 쓰시오.

참고 : 道 ↔ (路) 室. 內. 元. 原.

23) 家 ↔ (   )
24) 本 ↔ (   )

라. 다음의 한자의 총 획수를 쓰시오.

참고 : 孝 : (7획)

25) 三 : (획)
26) 禾 : (획)

마. 다음 한자의 훈음을 쓰시오.

보기 : 孝 (효도 효)

27) 正 (   )   37) 赤 (   )
28) 敎 (   )   38) 主 (   )
29) 須 (   )   39) 革 (   )
30) 洞 (   )   40) 黑 (   )
31) 片 (   )   41) 龍 (   )
32) 合 (   )   42) 巾 (   )
33) 天 (   )   43) 谷 (   )
34) 王 (   )   44) 安 (   )
35) 夏 (   )   45) 西 (   )
36) 男 (   )   46) 乙 (   )

바. 다음의 단어를 한자로 바꿔 쓰시오.

참고 : 左手.文書.入神.立身.所有.學問.學文

47) 문서 : 글을 쓴 일체의 서류 (   )
48) 좌수 : 왼쪽손 (   )
49) 입신 : 기반을 닦아 출세함 (   )
50) 학문 : 배우고 익힘. (   )
51) 소유 : 자기의 것으로 가짐 (   )

사. 다음 한자어의 뜻을 쓰시오.

참고 : 孝道 (부모를 잘 섬기는 도리)
1.이치에 맞는 훌륭한말 2.그 땅에 사는 사람
3.다음 해. 올해의다음 해 4.바르고 곧음.

52) 來年 (   )
53) 住民 (   )
54) 名言 (   )
55) 正直 (   )

아. 다음 밑줄친 한자의 독음을 쓰시오.

> 보기 : 부모님께 **孝道**를 하자.(효도)

56) 네 살갗은 <u>白玉</u>처럼 희구나! (   )

57) 이력서에 <u>姓名</u>을 기재해야 한다.
    (   )

58) 같은 학교 <u>同門</u>들이어서 더욱 반갑다.
    (   )

59) 외국에서 <u>多年間</u> 생활하고 돌아왔다.
    (   )

60) 길옆에는 <u>草木</u>이 무성하게 자랐다.
    (   )

61) <u>漢江</u>의 기적을 다시한번 살리자.
    (   )

62) <u>天才</u>와 둔재는 백지 한 장 차이라 한다.
    (   )

63) 우리 마을 <u>里長</u>은 봉사정신이 투철하다. (   )

64) <u>身分</u>에 어울리지 않게 사치스럽다.
    (   )

65) <u>竹林</u> 칠현에 대해서 알고 싶습니다.
    (   )

자. 다음 물음에 알맞는 답을 쓰시오.

66) "金"의 뜻이 다르게 쓰인 것은? (   )
    ① 一金 ② 出金 ③ 入金 ④ 金言

67) "車"의 음이 다르게 쓰인 것은? (   )
    ① 馬車 ② 車道 ③ 人力車 ④ 白車

68) 木 의 부수로 맞는 것은? (   )
    ① 木   ② 人   ③ 麥   ④ 夕

차. 다음의 한자성어를 한글로 쓰시오.

69) 한 번 묻는 데 대해 한 번 대답함.
    一 (   ) 一 (   )

70) 한 가지 일을 하여 두 가지 이득을 얻음.
    (一擧兩得) (   )

카. 다음 훈음에 맞는 한자를 쓰시오.

> 참고 : 冬.非.豆.辛.己.邑.才.阜.穴.又.
>   止.川.齊.走.外.辰.今.耳.斤.衣

71) 겨울 동(   ) 81) 그칠 지(   )
72) 고을 읍(   ) 82) 별   진(   )
73) 아닐 비(   ) 83) 내   천(   )
74) 재주 재(   ) 84) 이제 금(   )
75) 콩   두(   ) 85) 가지런할제(   )
76) 언덕 부(   ) 86) 귀   이(   )
77) 매울 신(   ) 87) 달릴 주(   )
78) 구멍 혈(   ) 88) 도끼 근(   )
79) 몸   기(   ) 89) 밖   외(   )
80) 또   우(   ) 90) 옷   의(   )

타. 다음 밑줄친 단어를 한자로 고쳐 쓰시오.

> 참고:來日.入學生.記事.一等.住所.火車.
>   本名.自家用車.日氣.言行一致

91) 인도의 간디는 <u>언행일치</u>한 지도자였다.
    (   )

92) 오늘 할일을 <u>내일</u>로 미루지 말라.(   )

93) <u>일기</u> 예보 시간이 기다려진다.
    (   )

94) 우리 학교에 대한 <u>기사</u>가 신문에 났다.
    (   )

95) 좁은 국토에 비해서 <u>자가용차</u>가 너무 많다.
    (   )

96) <u>입학생</u> 여러분을 진심으로 환영합니다.
    (   )

97) 당신의 <u>본명</u>을 한자로 써 주십시오.
    (   )

98) 이어달리기에서 우리가 <u>일등</u>을 했다.
    (   )

99) <u>주소</u>는 한자로 쓸 줄 알아야 한다..
    (   )

100) 중국에서는 기차를 <u>화차</u>라고 한다.
     (   )

6급 기출문제 3회

대한민국한자자격검정시험   성명 (   )   점수   점

가. 다음 한자어의 독음을 쓰시오.

본보기 : 孝道 (효도)

1) 夜食 (   ) 11) 有無 (   )
2) 上書 (   ) 12) 東西 (   )
3) 前後 (   ) 13) 蟲齒 (   )
4) 春秋 (   ) 14) 活氣 (   )
5) 年初 (   ) 15) 不孝 (   )
6) 安全 (   ) 16) 正直 (   )
7) 住民 (   ) 17) 小學 (   )
8) 黑色 (   ) 18) 文字 (   )
9) 姓氏 (   ) 19) 夏至 (   )
10) 牛角 (   ) 20) 先生 (   )

나. 다음 한자의 뜻이 상대되는 한자를 쓰시오.

본보기 : 上 ↔ (下)

21) 遠 ↔ (   )
22) 長 ↔ (   )

다. 다음 한자의 뜻이 비슷한 한자를 쓰시오.

본보기 : 道 ↔ (路) 鳥. 革

23) 乙 ↔ (   )
24) 皮 ↔ (   )

라. 다음의 한자의 총 획수를 쓰시오

본보기 : 孝 : (7획)

25) 木 :   획
26) 禾 :   획

마. 다음 한자의 훈음을 쓰시오.

본보기 : 孝 (효도 효)

27) 重 (   ) 37) 之 (   )
28) 斗 (   ) 38) 千 (   )
29) 知 (   ) 39) 鼻 (   )
30) 靑 (   ) 40) 卵 (   )
31) 首 (   ) 41) 麥 (   )
32) 羊 (   ) 42) 休 (   )
33) 禾 (   ) 43) 弟 (   )
34) 玄 (   ) 44) 馬 (   )
35) 卜 (   ) 45) 巾 (   )
36) 須 (   ) 46) 骨 (   )

바. 다음의 단어를 한자로 바꿔 쓰시오.

본보기 : 효도:부모를 잘 섬기는 도리(孝道)

47) 교실 : 학교에서 공부하는 방 (   )
48) 합계 : 많은 수나 양을 합하여 셈함 (   )
49) 방향 : 향하는 쪽   (   )
50) 등교 : 학교에 나감   (   )
51) 노소 : 늙은이와 젊은이   (   )

사. 다음 한자어의 뜻을 쓰시오.

본보기:孝道 (부모를 잘 섬기는 도리)

52) 肉親 (   )
53) 天地 (   )
54) 手工 (   )
55) 所見 (   )

아. 다음 밑줄친 한자의 독음을 쓰시오.

> 보기 : 부모님께 **孝道**를 하자.(효도)

56) 우리반에서 **會長** 선거가 있었다.
   (   )

57) 우리는 **父母**님을 잘 모셔야 한다.
   (   )

58) 동양인 중에서 우리는 **主食**을 쌀로 한다.
   (   )

59) 뒷동산에는 **百花**가 만발했다.
   (   )

60) 너는 **文學**에 소질이 있는 것 같다.
   (   )

61) 시내에는 **敎會**가 많다.
   (   )

62) 가을 운동회때 **全校**생이 모였다.
   (   )

63) 금강산에 **登山**하고 싶다.
   (   )

64) **齒牙**가 건강하면 큰복이다.
   (   )

65) 시월에는 **市民**의 행사가 열린다.
   (   )

자. 다음 물음에 알맞는 답을 쓰시오.

66) "家"를 사용하여 한자어 두 개 이상 만드시오.
   (.   .   )

67) "六"을 읽을 때 다르게 발음하는 것은?(   )
   ① 六日 ② 六十 ③ 六月 ④ 六年

68) 一寸의 뜻을 쓰시오.
   (   )

차. 다음의 뜻에 알맞는 한자성어를 쓰시오.

69) 열 가운데 여덟이나 아홉이 됨. 거의 다 됨을 가르키는 말 (   )(   )(八)(九)

70) 극히 적은 분량을 가리키는 말로 새 발의 피라고도 함. (鳥)(   )(之)(   )

카. 다음 훈음에 맞는 한자를 쓰시오.

> 보기 : 효도 효 (孝)

71) 없을 무(   ) 81) 높을 고(   )
72) 맏   형(   ) 82) 늙을 로(   )
73) 강   강(   ) 83) 꽃   화(   )
74) 마을 리(   ) 84) 향기 향(   )
75) 범   호(   ) 85) 글자 자(   )
76) 밝을 명(   ) 86) 멀   원(   )
77) 기록할기(   ) 87) 털   모(   )
78) 대신할대(   ) 88) 어릴 유(   )
79) 아침 조(   ) 89) 처음 초(   )
80) 세상 세(   ) 90) 벌레 충(   )

타. 다음 밑줄친 단어를 한자로 고쳐 쓰시오.

> 보기 : 부모님께 **효도**를 하자.
> (孝道)

91) 어머님 **생신**이 오늘이다.
   (   )

92) 부업은 **가계**에 보탬이 된다.
   (   )

93) 과일의 크기가 **다소** 차이가 있다.
   (   )

94) 우리 모두 폐품을 **활용**하자.
   (   )

95) 잘못이 있으면 **자백** 해야지!
   (   )

96) 항상 훌륭한 인재는 **등용**하게 마련이다.
   (   )

97) 올림픽에서 선수들은 **전력**을 다했다.
   (   )

98) 행사는 **사전**에 준비가 필요하다.
   (   )

99) 나는 반장선거에 **출마** 하겠다.
   (   )

100) 가을 들판이 **황금**빛으로 물들었다.
   (   )

6급 기출문제 4회

대한민국한자자격검정시험   성명 (   )   점수   점

가. 다음 한자어의 독음을 쓰시오.

본보기 : 孝道 (효도)

1) 聖君 (   ) 11) 孝行 (   )
2) 才能 (   ) 12) 村長 (   )
3) 追加 (   ) 13) 玄米 (   )
4) 共同 (   ) 14) 靑春 (   )
5) 始作 (   ) 15) 風車 (   )
6) 結合 (   ) 16) 甘言 (   )
7) 老人 (   ) 17) 入門 (   )
8) 女子 (   ) 18) 社會 (   )
9) 赤土 (   ) 19) 食用 (   )
10) 永遠 (   ) 20) 林野 (   )

나. 다음 한자의 뜻이 상대되는 한자를 쓰시오.

본보기 : 上 ↔ (下)

21) 天   ↔ (   )
22) 黑   ↔ (   )

다. 다음 한자의 뜻이 비슷한 한자를 쓰시오.

본보기 : 道길도 ↔ (路길로)

23) 革 가죽혁 ↔ (   )
24) 活 살 활 ↔ (   )

라. 다음의 한자의 총 획수를 쓰시오

본보기 : 三 : (3 획)

25) 石 :   획
26) 子 :   획

마. 다음 한자의 훈음을 쓰시오.

본보기 : 孝 (효도 효)

27) 海 (   ) 37) 立 (   )
28) 合 (   ) 38) 行 (   )
29) 善 (   ) 39) 共 (   )
30) 交 (   ) 40) 新 (   )
31) 來 (   ) 41) 名 (   )
32) 成 (   ) 42) 仁 (   )
33) 運 (   ) 43) 林 (   )
34) 忠 (   ) 44) 法 (   )
35) 人 (   ) 45) 萬 (   )
36) 加 (   ) 46) 重 (   )

바. 다음의 단어를 한자로 바꿔 쓰시오.

본보기 : 효도:부모를 잘 섬기는 도리(孝道)

47) 공군 : 하늘을 지키는 군인 (   )
48) 전후 : 앞과 뒤   (   )
49) 도리 : 마땅히 해야 할 일   (   )
50) 부형 : 아버지와 형   (   )
51) 사망 : 사람이 죽음   (   )

사. 다음 한자어의 뜻을 쓰시오.

본보기:孝道 (부모를 잘 섬기는 도리)

52) 手工 (   )
53) 天地 (   )
54) 上下 (   )
55) 古今 (   )

아. 다음 밑줄친 한자의 독음을 쓰시오.

보기: 부모님께 <u>孝道</u>를 하자.(효도)

56) 축구에 관한 <u>記事</u>가 신문에 실렸다.
(   )

57) 나라꽃을 <u>國花</u>라 한다
(   )

58) <u>英國</u>은 영어를 사용 한다.
(   )

59) 세자가 <u>王位</u>를 물려 받았다.
(   )

60) 동생은 <u>文學</u>에 소질이 있다.
(   )

61) 자연보호에 우리는 <u>協助</u>하고 있다.
(   )

62) 아침에 <u>全校</u>생이 운동장에 모였다.
(   )

63) 나는 <u>交友</u>관계를 즐겨 한다.
(   )

64) 시골 <u>里長</u> 님은 부지런하시다.
(   )

65) 내일은 <u>市民</u>의 행사가 열린다.
(   )

자. 다음 물음에 알맞는 답을 쓰시오.

66) "今"의 반대인 한자를 쓰시오.
(   )

67) "死"와 뜻이 비슷한 한자를 쓰시오.
(   )

68) 自問自答의 뜻을 쓰시오.
(   )

차. 다음의 뜻에 알맞는 한자의 음을 (   )안에 한글로 쓰시오.

69) 곧은 줄 直線(   )

70) 어릴 때부터 친한 벗.
(竹馬之友)(   )

카. 다음 훈음에 맞는 한자를 쓰시오.

보기 : 효도 효 (孝)

71) 많을 다(   ) 81) 성씨 성(   )
72) 배울 학(   ) 82) 아닐 미(   )
73) 믿을 신(   ) 83) 마을 촌(   )
74) 때 시(   ) 84) 죽을 사(   )
75) 저자 시(   ) 85) 아들 자(   )
76) 강 강(   ) 86) 벗 우(   )
77) 몸 기(   ) 87) 한가지동(   )
78) 일 사(   ) 88) 수풀 림(   )
79) 일백 백(   ) 89) 끝 말(   )
80) 따뜻할온(   ) 90) 이룰 성(   )

타. 다음 밑줄친 단어를 한자로 고쳐 쓰시오.

보기 : 부모님께 <u>효도</u>를 하자.
(孝道)

91) 오늘은 나의 <u>생일</u>이다.
(   )

92) 오늘 할일을 <u>내일</u>로 미루지 말라.
(   )

93) 본래의 직분을 <u>본분</u>이라 한다.
(   )

94) 이번 시험에서 <u>정답</u>을 많이 썼다.
(   )

95) 흰눈이 <u>천하</u>를 하얗게 만들었다.
(   )

96) 우리의 도자기는 <u>세계</u>적으로 유명하다. (   )

97) 올림픽에서 선수들은 <u>전력</u>을 다했다.
(   )

98) 서울에는 <u>한강</u>이 흐른다.
(   )

99) 전시회에 미술 작품을 <u>출품</u>했다.
(   )

100) <u>만일</u>을 위해 미리 조심하자.
(   )

6급 기출문제 5회

대한민국한자자격검정시험   성명 (   )   점수   점

가. 다음 한자어의 독음을 쓰시오.

본보기 : 孝道 (효도)

1) 內外 (   )   11) 有線 (   )
2) 左右 (   )   12) 敎室 (   )
3) 前後 (   )   13) 孝行 (   )
4) 兄弟 (   )   14) 重大 (   )
5) 天地 (   )   15) 少女 (   )
6) 春夏 (   )   16) 學校 (   )
7) 上下 (   )   17) 玉色 (   )
8) 問答 (   )   18) 江山 (   )
9) 秋冬 (   )   19) 南北 (   )
10) 古今 (   )   20) 東西 (   )

나. 다음 상대되는 한자를 보기에서 찾아 쓰시오.

보기 : 下. 地. 多. 外

21) 天 ↔ (   )
22) 內 ↔ (   )

다. 다음 비슷한 한자를 보기에서 찾아 쓰시오.

보기 : 活(살활). 夫 (사내부) 皮(가죽피)

23) 生 ↔ (   )
24) 革 ↔ (   )

라. 다음의 부수와 총 획수를 쓰시오

禾부9 . 禾부10 水부8. 木부8.

25) 秋 :   부   획
26) 東 :   부   획

마. 다음 한자의 훈음을 쓰시오.

본보기 : 孝 (효도 효)

27) 前 (   )   37) 後 (   )
28) 七 (   )   38) 春 (   )
29) 天 (   )   39) 夏 (   )
30) 九 (   )   40) 秋 (   )
31) 南 (   )   41) 冬 (   )
32) 北 (   )   42) 今 (   )
33) 左 (   )   43) 古 (   )
34) 右 (   )   44) 兄 (   )
35) 乙 (   )   45) 弟 (   )
36) 男 (   )   46) 正 (   )

바. 다음의 단어를 한자로 바꿔 쓰시오.

보기 : 上下. 多少. 正直. 分明. 男女

47) 상하 : 위와 아래   (   )
48) 정직 : 바르고 곧음. (   )
49) 분명 : 확실히 틀림없음. (   )
50) 남녀 : 남자와 여자   (   )
51) 다소 : 많고 적음.   (   )

사. 다음 한자어를 우리글로 쓰시오.

효도.성명.정직.형제,일정

52) 姓名 (   )
53) 孝道 (   )
54) 兄弟 (   )
55) 一正 (   )

아. 다음 밑줄 친 한자의 독음을 쓰시오.

> 동문. 일기. 다년. 성명. 초목. 이장. 천재. 죽림. 정직. 출세

56) 나는 매일 <u>日記</u>를 쓴다.
　　　　（　　　　）
57) 내 친구는 운동으로 <u>出世</u>했다.
　　　　（　　　　）
58) 같은 학교 <u>同門</u>들이어서 더욱 반갑다.
　　　　（　　　　）
59) 외국에서 <u>多年</u> 간 생활하고 돌아왔다.
　　　　（　　　　）
60) 길옆에는 <u>草木</u>이 무성하게 자랐다.
　　　　（　　　　）
61) 이력서에 <u>姓名</u>을 기재해야 한다.
　　　　（　　　　）
62) <u>天才</u>와 둔재는 백지 한 장 차이라 한다.
　　　　（　　　　）
63) 우리 마을 <u>里長</u>은 봉사정신이 투철하다.
　　　　（　　　　）
64) 자신에게 <u>正直</u>해야 큰일을 한다.
　　　　（　　　　）
65) <u>竹林</u> 칠현에 대해서 알고 싶습니다.
　　　　（　　　　）

자. 다음 물음에 알맞는 답을 쓰시오.

66) "車"의 음이 다르게 쓰인 것은? （　　）
　　① 馬車　② 白車　③ 人力車　④ 車道
67) "金"의 뜻이 다르게 쓰인 것은? （　　）
　　① 金言　② 一金　③ 入金　④ 出金
68) 住의 부수로 맞는 것은? （　　）
　　① 主　② 木　③ 麥　④ 亻

차. 다음의 한자성어를 우리글로 쓰시오.

69) 한 가지 일을 하여 두 가지 이득을 얻음.
　　(일거양득) （　　　　）
70) 한 번 묻는 데 대해 한 번 대답함.
　　（　　）問 — （　　）

카. 다음 훈음에 맞는 한자를 쓰시오.

> 참고 古.下.今.東.冬.日.天.地.
> 外.父.母.川.年.內.七.左.三..參.木.西.

71) 아래　하（　　）　81) 날　　일（　　）
72) 이제　금（　　）　82) 하늘　천（　　）
73) 옛　　고（　　）　83) 밖　　외（　　）
74) 동녘　동（　　）　84) 땅　　지（　　）
75) 겨울　동（　　）　85) 아버지부（　　）
76) 서녘　서（　　）　86) 어머니모（　　）
77) 안　　내（　　）　87) 해　　년（　　）
78) 왼　　좌（　　）　88) 나무　목（　　）
79) 석　　삼（　　）　89) 내　　천（　　）
80) 일곱　칠（　　）　90) 바를　정（　　）

타. 다음 밑줄 친 단어를 한자로 고쳐 쓰시오.

> 참고 住所. 火. 分明. 老少. 蟲齒. 日氣.
> 漢字. 夜間. 來日. 火車.　水

91) 자기의 의사를 <u>분명</u>히 해야 한다.
　　　　　（　　　　）
92) 배움에는 <u>노소</u>가 없다. （　　　　）

93) <u>일기</u> 예보 시간이 기다려진다.（　　）
94) 매주 <u>화</u> 요일에 서예공부를 한다.
　　　　（　　　　）
95) 치과에 가서 <u>충치</u>를 제거했다.
　　　　（　　　　）
96) <u>야간</u>에는 차량통행이 드물어 진다
　　（　　　　）
97) 당신의 이름을 <u>한자</u>로 써 주십시오.
　　　　（　　　　）
98) 오늘 할 일을 <u>내일</u>로 미루지 말라.
　　　　（　　　　）
99) 자기의 <u>성명</u>을 한자로 쓴다.
　　　　（　　　　）
100) <u>주소</u>는 한자로 쓸 줄 알아야 한다.
　　　（　　　　）

6급 예상문제 1회

대한민국한자자격검정시험   성명 (   )   점수   점

가. 다음 한자어의 독음을 쓰시오.

본보기 : 孝道 (효도)

1) 黑白 (   )   2) 方向 (   )
3) 遠近 (   )   4) 草原 (   )
5) 孝女 (   )   6) 長幼 (   )
7) 夏至 (   )   8) 秋夕 (   )
9) 立冬 (   )   10) 片道 (   )
11) 親知 (   )   12) 南北 (   )
13) 耳目 (   )   14) 山羊 (   )
15) 本來 (   )   16) 有無 (   )
17) 左右 (   )   18) 邑民 (   )
19) 初本 (   )   20) 血肉 (   )

나. 다음 한자의 뜻이 상대되는 한자를 쓰시오.

본보기 : 上 ↔ (下)

21) 多 ↔ (   )
22) 問 ↔ (   )

다. 다음 한자의 뜻이 비슷한 한자를 쓰시오.

본보기 : 道 ↔ (路)

23) 皮 ↔ (   )
24) 夫 ↔ (   )

라. 다음의 한자의 부수와 총 획수를 쓰시오.

본보기 : 孝 : (子부, 7획)

25) 黃 :   부,   획
26) 飛 :   부,   획

마. 다음 한자의 훈음을 쓰시오.

본보기 : 孝 (효도 효)

27) 谷 (   )   28) 豆 (   )
29) 玄 (   )   30) 戶 (   )
31) 朝 (   )   32) 矢 (   )
33) 金 (   )   34) 示 (   )
35) 內 (   )   36) 西 (   )
37) 江 (   )   38) 兄 (   )
39) 首 (   )   40) 世 (   )
41) 麻 (   )   42) 卵 (   )
43) 靑 (   )   44) 比 (   )
45) 禾 (   )   46) 弓 (   )

바. 다음의 단어를 한자로 바꿔 쓰시오.

본보기 : 효도:부모를 잘 섬기는 도리 (孝道)

47) 사력 : 죽을 힘   (   )
48) 안심 : 마음을 편안히 가짐 (   )
49) 풍력 : 바람의 힘   (   )
50) 대지 : 대자연속의 넓고 큰 땅 (   )
51) 적자 : 지출이 수입을 초과하여 결손이
           생기는 일   (   )

사. 다음 한자어의 뜻을 쓰시오.

본보기 : 孝道 (부모를 잘 섬기는 도리)

52) 姓氏 (   )
53) 方今 (   )
54) 合計 (   )
55) 住民 (   )

아. 다음 밑줄친 한자의 독음을 쓰시오.

> 본보기 : 부모님께 孝道를 하자.
> (효도)

56) 선생님과 함께 登校하였다.
( )
57) 내일은 午前 근무하는 날이다.
( )
58) 竹林칠현이 누구누구인줄 아느냐?
( )
59) 밤늦게 間食을 먹으면 살이 찐다.
( )
60) 고객카드에 자세하게 記入하여 주시오.
( )
61) 老後 설계를 위해 보험에 가입했다.
( )
62) 친구를 代身해 숙제를 해주면 안 된다.
( )
63) 洞口 밖 과수원길 아카시아 꽃이 활짝 피었네.
( )
64) 전시장에서 세계의 名品을 감상하였다.
( )
65) 不足한 실력을 칭찬해 주시다니……
( )

자. 다음 물음에 알맞는 답을 쓰시오.
66) 동물과 관계없는 글자는? ( )
 ① 魚 ② 馬 ③ 瓜 ④ 鳥
67) 무기와 관계가 없는 글자는? ( )
 ① 斤 ② 干 ③ 戈 ④ 牙
68) '親'의 부수로 맞는 것은? ( )
 ① 見 ② 木 ③ 立 ④ 目

차. 다음의 뜻에 알맞는 한자성어를 쓰시오.
69) 짧은 동안 정권을 잡았다가 곧 실패함을 뜻함. ( )
70) 아주 친밀하여 떨어질 수 없는 사이.
( )

카. 다음 훈음에 맞는 한자를 쓰시오.

> 본보기 : 효도 효 (孝)

71) 달   감 ( ) 72) 나라이름한 ( )
73) 비   우 ( ) 74) 향기 향 ( )
75) 옷   의 ( ) 76) 쉴   휴 ( )
77) 저자 시 ( ) 78) 신하 신 ( )
79) 일백 백 ( ) 80) 뿔   각 ( )
81) 꽃   화 ( ) 82) 바   소 ( )
83) 말   무 ( ) 84) 짧을 단 ( )
85) 또   우 ( ) 86) 다섯 오 ( )
87) 마을 리 ( ) 88) 개   견 ( )
89) 용   룡 ( ) 90) 배   주 ( )

타. 다음 밑줄친 단어를 한자로 고쳐 쓰시오.

> 본보기 : 부모님께 효도를 하자.
> (孝道)

91) 비음은 코 안을 울리면서 내는 소리다.
( )
92) 오늘 난 기분이 날아갈 것 같다.
( )
93) 수많은 나라들과 외교 관계를 맺고 있다.
( )
94) 우리 교실에서 자모회를 개최한다.
( )
95) 오늘 갑자기 한문시험을 봤다.
( )
96) 우리 학교는 수요일마다 행사를 한다.
( )
97) 정직한 친구와 사귀도록 하여라.
( )
98) 나는 충치가 많아서 병원에 다닌다.
( )
99) 우리 언니는 육학년이다.
( )
100) 시간을 잘 활용할 수 있도록 하여라.
( )

6급 예상문제 2회

대한민국한자자격검정시험   성명(   )   점수   점

가. 다음 한자어의 독음을 쓰시오.

본보기 : 孝道 (효도)

1) 赤字(   )   2) 後門(   )
3) 兄弟(   )   4) 黑白(   )
5) 草本(   )   6) 先親(   )
7) 文臣(   )   8) 敎室(   )
9) 全面(   )   10) 韓食(   )
11) 立夏(   ) 12) 合同(   )
13) 小計(   ) 14) 無知(   )
15) 正品(   ) 16) 主人(   )
17) 不孝(   ) 18) 夜間(   )
19) 血書(   ) 20) 一等(   )

나. 다음 한자의 뜻이 상대되는 한자를 쓰시오.

본보기 : 上 ↔ (下)

21)   古   ↔   (   )
22)   長   ↔   (   )

다. 다음 한자의 뜻이 비슷한 한자를 쓰시오.

본보기 : 道 ↔ (路)

23)   里   ↔   (   )
24)   土   ↔   (   )

라. 다음의 한자의 부수와 총 획수를 쓰시오.

본보기 : 孝 : (子부, 7획)

25)   革 :   부,   획
26)   片 :   부,   획

마. 다음 한자의 훈음을 쓰시오.

본보기 : 孝 (효도 효)

27) 母 (   )   28) 鹿 (   )
29) 絲 (   )   30) 齊 (   )
31) 爪 (   )   32) 飛 (   )
33) 矢 (   )   34) 魚 (   )
35) 舟 (   )   36) 麻 (   )
37) 辛 (   )   38) 寸 (   )
39) 邑 (   )   40) 阜 (   )
41) 鬼 (   )   42) 答 (   )
43) 米 (   )   44) 麥 (   )
45) 林 (   )   46) 蟲 (   )

바. 다음의 단어를 한자로 바꿔 쓰시오.

본보기 : 효도:부모를 잘 섬기는 도리(孝道)

47) 등교 : 학교에 나감.   (   )
48) 노소 : 늙은이와 젊은이   (   )
49) 성명 : 성씨와 이름   (   )
50) 치아 : '이'의 점잖은 일컬음. (   )
51) 직각 : 수평선과 수직선이 이루는 각
                                (   )

사. 다음 한자어의 뜻을 쓰시오.

본보기 : 孝道 (부모를 잘 섬기는 도리)

52) 入住 (   )
53) 近來 (   )
54) 手記 (   )
55) 家口 (   )

아. 다음 밑줄친 한자의 독음을 쓰시오.

본보기 : 부모님께 孝道를 하자.
(효도)

56) 오늘부터 새로운 生活을 시작했다.
(   )
57) 이제 北韓도 개방되려나 보다.
(   )
58) 제주도 성산에 가서 日出을 구경했다.
(   )
59) 마음은 아직도 靑春이다.
(   )
60) 왠지 모르게 오늘은 氣分이 좋지 않다.
(   )
61) 아무리 피곤해도 日記는 꼭 쓰고 자렴…
(   )
62) 江南갔던 제비가 돌아올 때가 됐는데….
(   )
63) 그 애는 交友 관계가 원만하다.
(   )
64) 이번 秋夕에는 보름달을 볼 수 없다.
(   )
65) 市民들이 앞장서서 수재민을 도왔다.
(   )

자. 다음 물음에 알맞는 답을 쓰시오.
66) ´口´의 뜻이 다르게 쓰인 것은? (   )
　① 人口　② 食口　③ 戶口　④ 入口
67) ´金´의 음이 다르게 쓰인 것은? (   )
　① 白金　② 千金　③ 金氏　④ 金石
68) ´須´의 부수로 맞는 것은? (   )
　① 彡　② 八　③ 目　④ 頁

차. 다음의 뜻에 알맞는 한자성어를 쓰시오.
69) 뺑소니나 36가지의 꾀를 뜻함.
(   )
70) '맑게 갠 날'이나 원죄가 판명돼 무죄가 됨. (   )

카. 다음 훈음에 맞는 한자를 쓰시오.

본보기 : 효도 효 (孝)

71) 멀　　원(   )　72) 별　　진(   )
73) 용　　룡(   )　74) 창　　모(   )
75) 죽을　사(   )　76) 갈　　지(   )
77) 세상　세(   )　78) 바깥　외(   )
79) 임금　왕(   )　80) 그칠　지(   )
81) 뼈　　골(   )　82) 쉴　　휴(   )
83) 기와　와(   )　84) 짧을　단(   )
85) 지탱할지(   )　86) 무거울중(   )
87) 배울　학(   )　88) 면할　면(   )
89) 새　　조(   )　90) 길　　도(   )

타. 다음 밑줄친 단어를 한자로 고쳐 쓰시오.

본보기 : 부모님께 효도를 하자.
(孝道)

91) 시험날짜가 목전에 다가왔다.
(   )
92) 황제는 황색 옷을 입었다.
(   )
93) 지방마다 조금씩 언어가 다르다.
(   )
94) 준비를 철저히 해와서 안심했다.
(   )
95) 임금과 신하 사이에는 의리가 있어야 한다.
(   )
96) 바람이 부는 방향을 풍향이라 한다.
(   )
97) 국화 향기가 그윽하다.
(   )
98) 가죽 중에는 호피가 제일이다.
(   )
99) 갈매기가 멋지게 비행했다.
(   )
100) 요즈음 보기 힘든 마차를 보았다.
(   )

6급 예상문제 3회

대한민국한자자격검정시험   성명 (   )   점수   점

가. 다음 한자어의 독음을 쓰시오.

본보기 : 孝道 (효도)

1) 走行(   )   2) 耳目(   )
3) 天地(   )   4) 甘草(   )
5) 先生(   )   6) 前文(   )
7) 古代(   )   8) 父母(   )
9) 羊皮(   )   10) 黑心(   )
11) 兄弟(   )   12) 角木(   )
13) 方向(   )   14) 休日(   )
15) 面色(   )   16) 近來(   )
17) 白米(   )   18) 靑春(   )
19) 血肉(   )   20) 百姓(   )

나. 다음 한자의 뜻이 반대되는 한자를 쓰시오.

본보기 : 上 ↔ (下)

21) 內 ↔ (   )
22) 左 ↔ (   )

다. 다음 한자의 뜻이 비슷한 한자를 쓰시오.

본보기 : 道 ↔ (路)

23) 邑 ↔ (   )
24) 生 ↔ (   )

라. 다음의 한자의 부수와 총 획수를 쓰시오.

본보기 : 孝 : (子부, 7획)

25) 龍 :   부,   획
26) 齒 :   부,   획

마. 다음 한자의 훈음을 쓰시오.

본보기 : 孝 (효도 효)

27) 須 (   )   28) 骨 (   )
29) 爪 (   )   30) 音 (   )
31) 幼 (   )   32) 非 (   )
33) 原 (   )   34) 斗 (   )
35) 免 (   )   36) 辰 (   )
37) 絲 (   )   38) 毛 (   )
39) 初 (   )   40) 又 (   )
41) 登 (   )   42) 示 (   )
43) 辛 (   )   44) 鼻 (   )
45) 今 (   )   46) 所 (   )

바. 다음의 단어를 한자로 바꿔 쓰시오.

본보기 : 효도:부모를 잘 섬기는 도리(孝道)

47) 고사 : 옛적의 일   (   )
48) 장단 : 길고 짧음.   (   )
49) 교우 : 벗을 사귐.   (   )
50) 오전 : 아침부터 정오까지의 사이(   )
51) 선친 : 돌아가신 자기 아버지 (   )

사. 다음 한자어의 뜻을 쓰시오.

본보기 : 孝道 (부모를 잘 섬기는 도리)

52) 夜間 (   )
53) 問答 (   )
54) 無言 (   )
55) 香氣 (   )

아. 다음 밑줄친 한자의 독음을 쓰시오.

| 본보기 : 부모님께 <u>孝道</u>를 하자. |
| (효도) |

56) 가을, 겨울에 입는 옷을 <u>秋冬</u>복이라 한다.
(　　　　　)

57) 어제 <u>四寸</u> 누나가 놀러왔다.
(　　　　　)

58) 날씨가 더워 <u>漢江</u>변에 사람이 많았다.
(　　　　　)

59) 우리 학교에 대한 <u>記事</u>가 실렸다.
(　　　　　)

60) <u>分明</u>한 대답을 듣고 싶습니다.
(　　　　　)

61) 많은 사람들이 어제 <u>出金</u>해 가버렸다.
(　　　　　)

62) 그 물건은 내 <u>手中</u>에 있다.
(　　　　　)

63) 언제나 노력해도 내 실력은 <u>不足</u>하다.
(　　　　　)

64) 우리형은 <u>高等</u>학생이다.
(　　　　　)

65) 선거 유세에 <u>一千名</u>이 모였다.
(　　　　　)

자. 다음 물음에 알맞는 답을 쓰시오.

66) '少'의 뜻을 두 가지 쓰시오.
① 　　　　　②

67) '車'의 음이 다르게 쓰인 것은? (　　)
① 馬車　② 人力車　③ 車道　④ 白車

68) '革'의 부수로 맞는 것은? (　　)
① 十　　② 口　　③ 革　　④ ⺾

차. 다음의 뜻에 알맞는 한자성어를 쓰시오.

69) 우리나라에서 남쪽은 남자가 북쪽지방은 여자가 더 아름답다는 말. (　　　　　)

70) 열 가운데 여덟이나 아홉이 된다는 말로 거의 다 됨을 일컫는 말. (　　　　　)

카. 다음 훈음에 맞는 한자를 쓰시오.

| 본보기 : 효도 효 (孝) |

71) 언덕 부 (　) 72) 편안 안 (　)
73) 나라이름한(　) 74) 날　비 (　)
75) 깃　우 (　) 76) 알　란 (　)
77) 오이 과 (　) 78) 창　모 (　)
79) 구멍 혈 (　) 80) 무거울중(　)
81) 지탱할지(　) 82) 말이을이(　)
83) 멀　원 (　) 84) 삼　마 (　)
85) 보리 맥 (　) 86) 견줄 비 (　)
87) 방패 간 (　) 88) 콩　두 (　)
89) 말　무 (　) 90) 범　호 (　)

타. 다음 밑줄친 단어를 한자로 고쳐 쓰시오.

| 본보기 : 부모님께 <u>효도</u>를 하자. |
| (孝道) |

91) 봄이 끝나면 절기상 <u>입하</u>가 된다.
(　　　　　)

92) 시험시간 10분전까지 <u>입실</u> 하시오.
(　　　　　)

93) 우리 언니가 <u>화초</u>를 잘 가꾼다.
(　　　　　)

94) <u>지대</u>한 공로를 말로 표현할 수 없다.
(　　　　　)

95) <u>의식주</u>를 해결하기 위해 열심히 일한다.
(　　　　　)

96) 진희는 <u>공부</u>를 아주 잘한다.
(　　　　　)

97) 우리는 <u>노후</u>를 준비해야한다.
(　　　　　)

98) <u>정자</u>를 먼저 익혀야 글씨가 예쁘다.
(　　　　　)

99) 내일은 우리 <u>학교</u> 개교 기념일이다.
(　　　　　)

100) <u>십년</u>이면 강산이 변한다.
(　　　　　)

6급 예상문제 4회

대한민국한자자격검정시험   성명 (   )   점수   점

가. 다음 한자어의 독음을 쓰시오.

본보기 : 孝道 (효도)

1) 市外 (   )   2) 食言 (   )
3) 方舟 (   )   4) 東西 (   )
5) 合計 (   )   6) 夏至 (   )
7) 民主 (   )   8) 白玉 (   )
9) 魚貝 (   ) 10) 雨水 (   )
11) 玄米 (   ) 12) 邑民 (   )
13) 口鼻 (   ) 14) 音色 (   )
15) 天地 (   ) 16) 龍馬 (   )
17) 遠寸 (   ) 18) 老少 (   )
19) 干支 (   ) 20) 左右 (   )

나. 다음 한자의 뜻이 상대되는 한자를 쓰시오.

본보기 : 上 ↔ (下)

21)   生   ↔   (   )
22)   前   ↔   (   )

다. 다음 한자의 뜻이 비슷한 한자를 쓰시오.

본보기 : 道 ↔ (路)

23)   門   ↔   (   )
24)   夫   ↔   (   )

라. 다음의 한자의 부수와 총 획수를 쓰시오.

본보기 : 孝 : (子부, 7획)

25)   鹿 :   부,   획
26)   矛 :   부,   획

마. 다음 한자의 훈음을 쓰시오.

본보기 : 孝 (효도 효)

27) 羽 (   )   28) 卜 (   )
29) 艮 (   )   30) 瓦 (   )
31) 乙 (   )   32) 舌 (   )
33) 革 (   )   34) 巾 (   )
35) 林 (   )   36) 虎 (   )
37) 直 (   )   38) 知 (   )
39) 近 (   )   40) 西 (   )
41) 明 (   )   42) 毛 (   )
43) 片 (   )   44) 洞 (   )
45) 友 (   )   46) 斤 (   )

바. 다음의 단어를 한자로 바꿔 쓰시오.

본보기 : 효도:부모를 잘 섬기는 도리 (孝道)

47) 초원 : 풀이 난 들판   (   )
48) 양피 : 양의 가죽   (   )
49) 품명 : 물품의 이름   (   )
50) 정답 : 옳은 답   (   )
51) 청년 : 청춘기에 있는 젊은 사람 (   )

사. 다음 한자어의 뜻을 쓰시오.

본보기 : 孝道 (부모를 잘 섬기는 도리)

52) 自手 (   )
53) 出血 (   )
54) 風向 (   )
55) 秋夕 (   )

아. 다음 밑줄친 한자의 독음을 쓰시오.

| 본보기 : 부모님께 孝道를 하자. |
| (효도) |

56) 내 성씨는 文氏이다.
( )

57) 아침마다 부모님께 問安을 여쭈어라.
( )

58) 우리 兄弟는 참으로 용감했다.
( )

59) 6.25전쟁은 骨肉상쟁이었다.
( )

60) 우리 敎室에서 연구수업을 한다.
( )

61) 우리는 큰 건물을 所有하고 있다.
( )

62) 모교의 선생님을 찾아 뵙고 人事를 했다.
( )

63) 학교 앞에서 下車하시오.
( )

64) 조금 후에 친구와 交代하기로 했다.
( )

65) 열심히 공부한 덕택에 漢字실력이 늘었다.
( )

자. 다음 물음에 알맞는 답을 쓰시오.

66) '足'의 뜻이 다르게 쓰인 것은? ( )
① 四足 ② 手足 ③ 不足 ④ 首足

67) '六'의 음이 다르게 쓰인 것은? ( )
① 六月 ② 六年 ③ 六十 ④ 六日

68) '麥'의 부수로 맞는 것은? ( )
① 人 ② 木 ③ 夕 ④ 麥

차. 다음의 뜻에 알맞는 한자성어를 쓰시오.

69) 죽을 고비를 여러 차례 겪고 겨우 살아남. ( )

70) 아주 친밀하여 떨어질 수 없는 사이를 뜻함. ( )

카. 다음 훈음에 맞는 한자를 쓰시오.

| 본보기 : 효도 효 (孝) |

71) 새   조 ( )   72) 어금니아 ( )
73) 면할 면 ( )   74) 날   비 ( )
75) 삼   마 ( )   76) 별   진 ( )
77) 실   사 ( )   78) 창   과 ( )
79) 귀신 귀 ( )   80) 골   곡 ( )
81) 오를 등 ( )   82) 성   성 ( )
83) 기운 기 ( )   84) 처음 초 ( )
85) 어릴 유 ( )   86) 아침 조 ( )
87) 집   가 ( )   88) 구멍 혈 ( )
89) 향기 향 ( )   90) 무거울중 ( )

타. 다음 밑줄친 단어를 한자로 고쳐 쓰시오.

| 본보기 : 부모님께 효도를 하자. |
| (孝道) |

91) 오늘 대통령의 회견이 있는 날이다.
( )

92) 고속도로에선 주행속도를 지켜야 한다.
( )

93) 우리 아버지는 서도에 능하시다.
( )

94) 일등을 하기 위해서 최선을 다했다.
( )

95) 그는 대학을 부정 입학했다 한다.
( )

96) 저 사람은 신분이 확실하다.
( )

97) 오빠는 아침마다 거울 앞에서 면도를 한다.
( )

98) 미연이는 말 한마디로 활력을 준다.
( )

99) 내가 좋아하는 야구선수가 내한했다.
( )

100) 병이 빨리 나아서 학교에 가고 싶다.
( )

6급 예상문제 5회

대한민국한자자격검정시험　　　성명 (　　　)　　점수　　점

가. 다음 한자어의 독음을 쓰시오.

본보기 : 孝道 (효도)

1) 親友(　)　　2) 先生(　)
3) 走行(　)　　4) 秋夕(　)
5) 姓名(　)　　6) 夜間(　)
7) 知人(　)　　8) 用品(　)
9) 有無(　)　　10) 漢文(　)
11) 休日(　)　　12) 遠近(　)
13) 家事(　)　　14) 立身(　)
15) 分地(　)　　16) 正直(　)
17) 父子(　)　　18) 鹿角(　)
19) 蟲齒(　)　　20) 前後(　)

나. 다음 한자의 뜻이 상대되는 한자를 쓰시오.

본보기 : 上 ↔ (下)

21) 長　↔　(　　　)
22) 內　↔　(　　　)

다. 다음 한자의 뜻이 비슷한 한자를 쓰시오.

본보기 : 道 ↔ (路)

23) 己　↔　(　　　)
24) 洞　↔　(　　　)

라. 다음의 한자의 부수와 총 획수를 쓰시오.

본보기 : 孝 : (子부, 7획)

25) 鼻 :　　부,　　획
26) 瓜 :　　부,　　획

마. 다음 한자의 훈음을 쓰시오.

본보기 : 孝 (효도 효)

27) 齊 (　)　　28) 絲 (　)
29) 須 (　)　　30) 矛 (　)
31) 谷 (　)　　32) 瓦 (　)
33) 爪 (　)　　34) 友 (　)
35) 玄 (　)　　36) 原 (　)
37) 巾 (　)　　38) 才 (　)
39) 全 (　)　　40) 止 (　)
41) 穴 (　)　　42) 安 (　)
43) 風 (　)　　44) 九 (　)
45) 首 (　)　　46) 非 (　)

바. 다음의 단어를 한자로 바꿔 쓰시오.

본보기 : 효도:부모를 잘 섬기는 도리(孝道)

47) 금년 : 올 해　　　　(　　　)
48) 부족 : 넉넉하지 못함. (　　　)
49) 교대 : 서로 번갈아 들어 대신함.(　)
50) 효행 : 부모를 잘 섬기는 행실 (　)
51) 중대 : 매우 중요함. (　　　)

사. 다음 한자어의 뜻을 쓰시오.

본보기 : 孝道 (부모를 잘 섬기는 도리)

52) 夫人 (　　　　　　　)
53) 死活 (　　　　　　　)
54) 住所 (　　　　　　　)
55) 多少 (　　　　　　　)

아. 다음 밑줄친 한자의 독음을 쓰시오.

본보기 : 부모님께 <u>孝道</u>를 하자.
(효도)

56) 선생님이 내 <u>音色</u>이 뛰어나다고 하신다.
( )
57) 오늘은 9시에 <u>登校</u>했다.
( )
58) 동생은 내년에 <u>初等</u>학교에 입학한다.
( )
59) <u>朝會</u>시간에 교장선생님의 훈화가 있었다.
( )
60) 다시는 <u>靑春</u>은 돌아오지 않는다.
( )
61) 나와 할아버지 사이는 <u>二寸</u>이다.
( )
62) 어머니는 <u>來日</u> 서울에 가신다.
( )
63) <u>所見</u>을 들어봅시다.
( )
64) <u>市中</u>에 소문이 쫙 퍼졌다.
( )
65) 오늘은 <u>合同</u>수업을 했다.
( )

자. 다음 물음에 알맞는 답을 쓰시오.
66) 百姓의 '百'은 무슨 뜻인가? ( )
　① 백개　② 많다　③ 모든　④ 일백
67) 다음 한자의 음과 뜻을 쓰시오.
　① 牛 (　　　) ② 午 (　　　)
68) '鬼'의 부수로 맞는 것은? ( )
　① 儿　② 厶　③ 田　④ 鬼

차. 다음의 뜻에 알맞는 한자성어를 쓰시오.
69) 아주 똑똑하게 나타난 모양을 뜻함.
( )
70) 장점도 있고 단점도 있음.
( )

카. 다음 훈음에 맞는 한자를 쓰시오.

본보기 : 효도 효 (孝)

71) 또　　우 (　) 72) 삼　　마 (　)
73) 선비 사 (　) 74) 새　　조 (　)
75) 보리 맥 (　) 76) 언덕 부 (　)
77) 머무를간 (　) 78) 일곱 칠 (　)
79) 낯　　면 (　) 80) 별　　진 (　)
81) 화살 시 (　) 82) 근본 본 (　)
83) 어머니모 (　) 84) 말　　무 (　)
85) 갈　　지 (　) 86) 도끼 근 (　)
87) 방패 간 (　) 88) 검을 흑 (　)
89) 날　　비 (　) 90) 매울 신 (　)

타. 다음 밑줄친 단어를 한자로 고쳐 쓰시오.

본보기 : 부모님께 <u>효도</u>를 하자.
(孝道)

91) 난 내가 생각해도 너무 <u>소심</u>한 것 같다.
( )
92) 우리 집은 <u>고서</u>가 가득하다.
( )
93) 삼촌은 <u>공학</u>박사 이시다.
( )
94) <u>육식</u>을 좋아하면 비만의 원인이 된다.
( )
95) <u>황금</u> 보기를 돌같이 하라.
( )
96) 할머님댁 뜰은 꽃<u>향기</u>가 가득하다.
( )
97) 신문사에 응모한 내 <u>수기</u>가 당선되었다.
( )
98) 새의 깃털이 <u>백옥</u>처럼 아름답다.
( )
99) 비가 와서 <u>교실</u>에서 체육을 했다.
( )
100) <u>남북</u>이 빨리 통일되었으면 좋겠다.
( )

6급 예상문제 6회

대한민국한자자격검정시험　　성명(　　　)　　점수　　점

가. 다음 한자어의 독음을 쓰시오.

본보기 : 孝道 (효도)

1) 少女 (　　) 2) 長幼 (　　)
3) 漢學 (　　) 4) 兄氏 (　　)
5) 玄米 (　　) 6) 登山 (　　)
7) 遠近 (　　) 8) 竹林 (　　)
9) 戶口 (　　) 10) 有無 (　　)
11) 親友 (　　) 12) 石門 (　　)
13) 多言 (　　) 14) 春花 (　　)
15) 合計 (　　) 16) 南韓 (　　)
17) 洞里 (　　) 18) 白馬 (　　)
19) 民魚 (　　) 20) 骨肉 (　　)

나. 다음 한자의 뜻이 상대되는 한자를 쓰시오.

본보기 : 上 ↔ (下)

21) 古 ↔ (　　　)
22) 手 ↔ (　　　)

다. 다음 한자의 뜻이 비슷한 한자를 쓰시오.

본보기 : 道 ↔ (路)

23) 乙 ↔ (　　　)
24) 戈 ↔ (　　　)

라. 다음의 한자의 부수와 총 획수를 쓰시오.

본보기 : 孝 : (子부, 7획)

25) 絲 :　　부,　　획
26) 瓦 :　　부,　　획

마. 다음 한자의 훈음을 쓰시오.

본보기 : 孝 (효도 효)

27) 夜 (　　) 28) 阜 (　　)
29) 斗 (　　) 30) 毛 (　　)
31) 又 (　　) 32) 免 (　　)
33) 鬼 (　　) 34) 右 (　　)
35) 非 (　　) 36) 谷 (　　)
37) 鼻 (　　) 38) 角 (　　)
39) 耳 (　　) 40) 齊 (　　)
41) 事 (　　) 42) 曰 (　　)
43) 豆 (　　) 44) 重 (　　)
45) 魚 (　　) 46) 爪 (　　)

바. 다음의 단어를 한자로 바꿔 쓰시오.

본보기 : 효도:부모를 잘 섬기는 도리 (**孝道**)

47) 입추 : 24절기의 열셋째. 가을에 듬.
(　　　　)
48) 교정 : 글자의 잘못을 바로 잡음. (　　)
49) 의식 : 입는 것과 먹는 것. (　　　)
50) 공부 : 학문을 배움. (　　　)
51) 문안 : 웃어른께 안부를 여쭘. (　　)

사. 다음 한자어의 뜻을 쓰시오.

본보기 : 孝道 (부모를 잘 섬기는 도리)

52) 羊皮 (　　　　　　　)
53) 火氣 (　　　　　　　)
54) 同音 (　　　　　　　)
55) 草原 (　　　　　　　)

아. 다음 밑줄친 한자의 독음을 쓰시오.

> 본보기 : 부모님께 <u>孝道</u>를 하자.
> (효도)

56) 난 예술계의 <u>大家</u>가 되기 위해 노력한다.
(   )

57) <u>人力車</u>가 다시 등장한다면 재미있을 것이다.
(   )

58) 체육시간에 500m를 <u>走行</u>했다.
(   )

59) 열심히 노력해서 <u>千字文</u>은 배워야겠다.
(   )

60) <u>日記</u>를 날마다 쓰면 문장력이 좋아진다.
(   )

61) 정확하게 <u>明示</u>해 둘 필요가 있다.
(   )

62) 생활에 <u>活用</u>되도록 노력해야겠다.
(   )

63) 자기 <u>姓名</u>은 한자로 쓸 줄 알아야 한다.
(   )

64) 나에게는 귀여운 <u>四寸</u> 여동생이 있다.
(   )

65) <u>風雨</u>에 시달려도 꺾이지 않는 대나무처럼
(   )

자. 다음 물음에 알맞는 답을 쓰시오.

66) '革'의 뜻을 두 가지 쓰시오.
① 　　　　　　　②

67) '行'의 두 가지 음을 쓰시오.
① 　　　　　　　②

68) '等'의 부수로 맞는 것은? (   )
① 竹　　② 土　　③ 寸　　④ 寺

차. 다음의 뜻에 알맞는 한자성어를 쓰시오.

69) 사람이 저마다 달라 가지 각색임.
(   )

70) 일을 미리 짐작하는 밝은 지혜
(   )

카. 다음 훈음에 맞는 한자를 쓰시오.

> 본보기 : 효도 효 (孝)

71) 이   치 (   )　72) 검을 흑 (   )
73) 온전할전 (   )　74) 고을 읍 (   )
75) 곧을 직 (   )　76) 견줄 비 (   )
77) 별   진 (   )　78) 나눌 분 (   )
79) 강   강 (   )　80) 배   주 (   )
81) 붉을 적 (   )　82) 일백 백 (   )
83) 조개 패 (   )　84) 물을 문 (   )
85) 세상 세 (   )　86) 처음 초 (   )
87) 일곱 칠 (   )　88) 대신할대 (   )
89) 대답 답 (   )　90) 짧을 단 (   )

타. 다음 밑줄친 단어를 한자로 고쳐 쓰시오.

> 본보기 : 부모님께 <u>효도</u>를 하자.
> (孝道)

91) 친구와 <u>외출</u>하기로 약속했다.
(   )

92) 우리 동네에도 농협 <u>지소</u>가 생겼다.
(   )

93) <u>동기</u>간에는 서로 우애해야 한다.
(   )

94) 이번 비로 남부 <u>지방</u>이 피해가 가장 많다.
(   )

95) 회사에서는 아침마다 <u>조회</u>를 한다.
(   )

96) 강의가 <u>오후</u>에 들어있다.
(   )

97) 우리는 <u>내년</u>을 기약하면서 헤어졌다.
(   )

98) 늦도록 <u>서실</u>에서 글씨 쓰고 들어왔다.
(   )

99) 우리 민족은 <u>황색</u>인종에 속한다.
(   )

100) <u>향수</u>를 뿌리지 않아도 향내가 난다.
(   )

6급 예상문제 7회

대한민국한자자격검정시험   성명 (   )   점수   점

가. 다음 한자어의 독음을 쓰시오.

본보기 : 孝道 (효도)

1) 七等 (   )   2) 大會 (   )
3) 戶主 (   )   4) 虎皮 (   )
5) 干支 (   )   6) 午前 (   )
7) 玄米 (   )   8) 香水 (   )
9) 書記 (   )   10) 南向 (   )
11) 韓牛 (   )   12) 工高 (   )
13) 毛骨 (   )   14) 品目 (   )
15) 兄弟 (   )   16) 初面 (   )
17) 黃土 (   )   18) 古今 (   )
19) 生絲 (   )   20) 麻衣 (   )

나. 다음 한자의 뜻이 상대되는 한자를 쓰시오.

본보기 : 上 ↔ (下)

21) 黑 ↔ (   )
22) 長 ↔ (   )

다. 다음 한자의 뜻이 비슷한 한자를 쓰시오.

본보기 : 道 ↔ (路)

23) 戈 ↔ (   )
24) 家 ↔ (   )

라. 다음의 한자의 부수와 총 획수를 쓰시오.

본보기 : 孝 : (子부, 7획)

25) 革 :   부,   획
26) 阜 :   부,   획

마. 다음 한자의 훈음을 쓰시오.

본보기 : 孝 (효도 효)

27) 艮 (   )   28) 犬 (   )
29) 原 (   )   30) 分 (   )
31) 辛 (   )   32) 答 (   )
33) 門 (   )   34) 五 (   )
35) 毋 (   )   36) 牙 (   )
37) 赤 (   )   38) 首 (   )
39) 休 (   )   40) 有 (   )
41) 遠 (   )   42) 穴 (   )
43) 夏 (   )   44) 春 (   )
45) 片 (   )   46) 代 (   )

바. 다음의 단어를 한자로 바꿔 쓰시오.

본보기 : 효도:부모를 잘 섬기는 도리 (孝道)

47) 본래 : 본디 전부터   (   )
48) 합동 : 여럿이 모여 하나를 이룸. (   )
49) 친우 : 친한 벗   (   )
50) 하교 : 윗사람이 아랫사람에게 가르치어 보임.   (   )
51) 비중 : 물과 비교한 물체의 무게 (   )

사. 다음 한자어의 뜻을 쓰시오.

본보기 : 孝道 (부모를 잘 섬기는 도리)

52) 記事 (   )
53) 立身 (   )
54) 問安 (   )
55) 近間 (   )

아. 다음 밑줄친 한자의 독음을 쓰시오.

본보기 : 부모님께 <u>孝道</u>를 하자. (효도)

56) <u>走行</u> 속도를 줄이면 사고가 줄어든다.
( )

57) <u>高見</u>을 듣고 싶습니다.
( )

58) <u>蟲齒</u>를 치료하려고 매일 병원에 다닌다.
( )

59) <u>手巾</u>을 청결히 하지 않으면 안된다.
( )

60) 아버지와 함께 <u>市外</u>에 다녀왔다.
( )

61) 부모님 <u>姓名</u>을 한자로 쓸 줄 알아야 한다.
( )

62) 이번 공사는 <u>邑長</u>님의 공이 제일 컸다.
( )

63) 새로운 <u>生活</u>이 시작되었다.
( )

64) <u>住民</u>들의 반대로 건물을 짓지 못했다.
( )

65) <u>朝夕</u>으로 이젠 싸늘하다.
( )

자. 다음 물음에 알맞는 답을 쓰시오.

66) '草'의 뜻이 다르게 쓰인 것은? ( )
① 花草 ② 草木 ③ 草本 ④ 甘草

67) '北'의 두 가지 뜻과 음을 쓰시오.
①   ②

68) '學'의 부수로 맞는 것은? ( )
① 爻 ② 冖 ③ 子 ④ 臼

차. 다음의 뜻에 알맞는 한자성어를 쓰시오.

69) 새 발의 피라고도 하며 극히 적은 분량의 비유에 쓰이는 말. ( )

70) 남의 말을 귀담아 듣지 않고 곧 흘려 버림을 이르는 말. ( )

카. 다음 훈음에 맞는 한자를 쓰시오.

본보기 : 효도 효 (孝)

71) 말이을이 ( )   72) 일천 천 ( )
73) 면할 면 ( )   74) 용 룡 ( )
75) 각시 씨 ( )   76) 골 곡 ( )
77) 또 우 ( )   78) 양 양 ( )
79) 그칠 지 ( )   80) 화살 시 ( )
81) 기운 기 ( )   82) 셈할 계 ( )
83) 짧을 단 ( )   84) 신하 신 ( )
85) 구슬 옥 ( )   86) 뒤 후 ( )
87) 모름지기수 ( ) 88) 먼저 선 ( )
89) 사귈 교 ( )   90) 오를 등 ( )

타. 다음 밑줄친 단어를 한자로 고쳐 쓰시오.

본보기 : 부모님께 <u>효도</u>를 하자. (孝道)

91) 우리 이모는 <u>팔방</u> 미인이다.
( )

92) 어제 <u>산소</u>에 가서 벌초를 하고 왔다.
( )

93) 바둑에서 대마 <u>불사</u>라는 말이 있다.
( )

94) 부모님 <u>전상서</u> ……
( )

95) <u>추석</u>에는 민족이 대이동 하는 것 같다.
( )

96) 그는 어려서부터 <u>천재</u>란 소리를 들었다.
( )

97) 우리 집은 <u>한강</u>이 훤히 보인다.
( )

98) 할머니가 <u>연로</u>하셔서 거동이 불편하시다.
( )

99) <u>청소년</u>은 나라의 보배이다.
( )

100) 굵은 선 안에만 <u>기입</u>하여 주십시오.
( )

6급 예상문제 8회

대한민국한자자격검정시험   성명 (   )   점수   점

가. 다음 한자어의 독음을 쓰시오.

본보기 : 孝道 (효도)

1) 今年(   ) 2) 甘草(   )
3) 片道(   ) 4) 世上(   )
5) 方向(   ) 6) 手足(   )
7) 朝夕(   ) 8) 男女(   )
9) 春秋(   ) 10) 初等(   )
11) 多少(   ) 12) 山川(   )
13) 同音(   ) 14) 漢方(   )
15) 親友(   ) 16) 衣食(   )
17) 齒牙(   ) 18) 文學(   )
19) 入住(   ) 20) 孝心(   )

나. 다음 한자의 뜻이 상대되는 한자를 쓰시오.

본보기 : 上 ↔ (下)

21) 左 ↔ (   )
22) 老 ↔ (   )

다. 다음 한자의 뜻이 비슷한 한자를 쓰시오.

본보기 : 道 ↔ (路)

23) 生 ↔ (   )
24) 乙 ↔ (   )

라. 다음의 한자의 부수와 총 획수를 쓰시오.

본보기 : 孝 : (子부, 7획)

25) 卵 :   부,   획
26) 風 :   부,   획

마. 다음 한자의 훈음을 쓰시오.

본보기 : 孝 (효도 효)

27) 古 (   ) 28) 舌 (   )
29) 角 (   ) 30) 艮 (   )
31) 冬 (   ) 32) 香 (   )
33) 免 (   ) 34) 飛 (   )
35) 休 (   ) 36) 死 (   )
37) 虎 (   ) 38) 事 (   )
39) 知 (   ) 40) 分 (   )
41) 走 (   ) 42) 答 (   )
43) 身 (   ) 44) 洞 (   )
45) 西 (   ) 46) 須 (   )

바. 다음의 단어를 한자로 바꿔 쓰시오.

본보기 : 효도:부모를 잘 섬기는 도리 (孝道)

47) 유충 : 어린 벌레   (   )
48) 동풍 : 동쪽에서 부는 바람 (   )
49) 명마 : 훌륭한 말   (   )
50) 용품 : 어떤 일에 쓰이는 물건 (   )
51) 자정 : 밤 12시   (   )

사. 다음 한자어의 뜻을 쓰시오.

본보기 : 孝道 (부모를 잘 섬기는 도리)

52) 黃色 (   )
53) 活魚 (   )
54) 山林 (   )
55) 夫人 (   )

아. 다음 밑줄친 한자의 독음을 쓰시오.

> 본보기 : 부모님께 <u>孝道</u>를 하자.
> (효도)

56) 아버지께서 이번 주는 <u>夜間</u> 근무하신다.
(   )

57) 나는 날마다 <u>日記</u>를 빠짐없이 쓴다.
(   )

58) 정물화는 <u>遠近</u> 처리가 중요하다.
(   )

59) <u>合計</u>한 것을 다시 한번 검토해라.
(   )

60) 오늘은 <u>敎生</u> 선생님이 오신다.
(   )

61) 우리 아버지는 컴퓨터의 <u>天才</u>이시다.
(   )

62) <u>黑白</u>을 가려서 결판내자.
(   )

63) <u>弟子</u>는 스승보다 더 나아야 한다.
(   )

64) 아침저녁으로 <u>問安</u>인사를 여쭌다.
(   )

65) 할 말이 있으면 <u>書面</u>으로 제출하시오.
(   )

자. 다음 물음에 알맞는 답을 쓰시오.

66) '辰'의 두 가지 뜻과 음을 쓰시오.
① ②

67) 다음 한자의 음과 뜻을 쓰시오.
① 爪 (   ) ② 瓜 (   )

68) '鼻'의 부수로 맞는 것은? (   )
① 自   ② 田   ③ 卄   ④ 鼻

차. 다음의 뜻에 알맞는 한자성어를 쓰시오.

69) 은하 동쪽에 있는 견우성이 서쪽에 있는 직녀성과 오작교에서 일년에 한번 만남.

70) 예사로운 말 가운데 단단한 뜻이 들어 있다는 말 (   )

카. 다음 훈음에 맞는 한자를 쓰시오.

> 본보기 : 효도 효 (孝)

71) 향기 향 (   ) 72) 혀   설 (   )
73) 머무를간 (   ) 74) 앞   전 (   )
75) 여름 하 (   ) 76) 갈   지 (   )
77) 사귈 교 (   ) 78) 말   마 (   )
79) 백성 민 (   ) 80) 말이을이 (   )
81) 점칠 복 (   ) 82) 말   두 (   )
83) 실   사 (   ) 84) 또   우 (   )
85) 맏   형 (   ) 86) 용   룡 (   )
87) 바깥 외 (   ) 88) 뒤   후 (   )
89) 날   출 (   ) 90) 보리 맥 (   )

타. 다음 밑줄친 단어를 한자로 고쳐 쓰시오.

> 본보기 : 부모님께 <u>효도</u>를 하자.
> (孝道)

91) 요즈음은 <u>비행</u> 청소년이 너무 많다.
(   )

92) 주소 <u>불명</u>이라 다시 돌아왔다.
(   )

93) 제주도에 가면 <u>삼성혈</u>이 있다.
(   )

94) <u>혈기</u>가 왕성하다고 싸움질하면 안 된다.
(   )

95) <u>피혁</u>공장에서 폐수를 무단 방류한다.
(   )

96) 난 <u>적십자</u> 단원으로 활동을 하고 있다.
(   )

97) 우리 동양은 <u>가부장</u> 제도가 뚜렷하다.
(   )

98) 원고의 <u>원본</u>과 대조해서 잘 살펴주시오.
(   )

99) 나는 큰 <u>대회</u>일수록 강하다.
(   )

100) <u>한우</u> 고기가 훨씬 연하고 맛이 있다.
(   )

6급 예상문제 9회

대한민국한자자격검정시험 성명 (   ) 점수   점

가. 다음 한자어의 독음을 쓰시오.

본보기 : 孝道 (효도)

1) 羊皮(   )   2) 香草(   )
3) 甘言(   )   4) 全面(   )
5) 遠近(   )   6) 知己(   )
7) 重大(   )   8) 走力(   )
9) 玉色(   ) 10) 小麥(   )
11) 少女(   ) 12) 短刀(   )
13) 首弟子(   ) 14) 所有(   )
15) 名答(   ) 16) 黃牛(   )
17) 合同(   ) 18) 不孝(   )
19) 休校(   ) 20) 金絲(   )

나. 다음 한자의 뜻이 상대되는 한자를 쓰시오.

본보기 : 上 ↔ (下)

21) 天 ↔ (   )
22) 內 ↔ (   )

다. 다음 한자의 뜻이 비슷한 한자를 쓰시오.

본보기 : 道 ↔ (路)

23) 室 ↔ (   )
24) 本 ↔ (   )

라. 다음의 한자의 부수와 총 획수를 쓰시오.

본보기 : 孝 : (子부, 7획)

25) 辰 :   부,   획
26) 麻 :   부,   획

마. 다음 한자의 훈음을 쓰시오.

본보기 : 孝 (효도 효)

27) 須 (   ) 28) 敎 (   )
29) 衣 (   ) 30) 向 (   )
31) 龍 (   ) 32) 革 (   )
33) 片 (   ) 34) 安 (   )
35) 斤 (   ) 36) 辛 (   )
37) 黑 (   ) 38) 谷 (   )
39) 男 (   ) 40) 正 (   )
41) 西 (   ) 42) 母 (   )
43) 穴 (   ) 44) 骨 (   )
45) 乙 (   ) 46) 鹿 (   )

바. 다음의 단어를 한자로 바꿔 쓰시오.

본보기 : 효도:부모를 잘 섬기는 도리 (孝道)

47) 하지 : 24절기의 하나. 양력 6월 21일
            (   )
48) 문서 : 글을 쓴 일체의 서류 (   )
49) 입신 : 기반을 닦아 출세함. (   )
50) 학문 : 배우고 익힘. (   )
51) 우수 : 빗물. 24절기의 하나 (   )

사. 다음 한자어의 뜻을 쓰시오.

본보기 : 孝道 (부모를 잘 섬기는 도리)

52) 家親 (   )
53) 來年 (   )
54) 姓氏 (   )
55) 幼蟲 (   )

아. 다음 밑줄친 한자의 독음을 쓰시오.

> 본보기 : 부모님께 孝道를 하자.
> (효도)

56) 우리는 東方 예의지국이다.
　　　(　　　)

57) 會長님이 인사말씀을 하겠습니다.
　　(　　　　)

58) 소년가장의 後見人이 되어 주십시오.
　　　　　(　　　　)

59) 活氣차게 하루를 시작하십시오.
　　(　　　)

60) 老父母를 잘 모시지 않으려고 한다.
　(　　　　)

61) 우리의 主食은 역시 쌀이다.
　　　(　　　)

62) 交友 관계가 원만한 아이가 공부도 잘한다.
　(　　　)

63) 이번 戶口조사에 협조 바랍니다.
　　(　　　　)

64) 邑民의 날 행사를 성대하게 치렀다.
　(　　　)

65) 산과 들에 百花가 만발하였다.
　　　　　(　　　　)

자. 다음 물음에 알맞는 답을 쓰시오.

66) '字'를 사용하여 한자어 두 개를 만드시오.
　　① 　　　　　　　②

67) '一寸'의 뜻을 한 개 이상 쓰시오.
　　(　　　　　　　　　)

68) '男'의 부수로 맞는 것은? (　　)
　　①田　②力　③男　④丿

차. 다음의 뜻에 알맞는 한자성어를 쓰시오.

69) 새 발의 피라고도 하며, 극히 적은 분량의 비유. (　　　　　)

70) 열 가운데 여덟이나 아홉이 됨. 거의 다 됨을 가리키는 말. (　　　　　)

카. 다음 훈음에 맞는 한자를 쓰시오.

> 본보기 : 효도 효 (孝)

71) 기록할 기 (　) 72) 밝을 명 (　)
73) 일곱 칠 (　) 74) 범 호 (　)
75) 검을 현 (　) 76) 나라이름 한 (　)
77) 한수 한 (　) 78) 가지런할 제 (　)
79) 붉을 적 (　) 80) 없을 무 (　)
81) 대신할 대 (　) 82) 마을 리 (　)
83) 강　　강 (　) 84) 깃　　우 (　)
85) 맏　　형 (　) 86) 길　　도 (　)
87) 아침 조 (　) 88) 뿔　　각 (　)
89) 높을 고 (　) 90) 세상 세 (　)

타. 다음 밑줄친 단어를 한자로 고쳐 쓰시오.

> 본보기 : 부모님께 효도를 하자.
> (孝道)

91) 국회의원 선거에 출마했다.
　　　　　　(　　　)

92) 훌륭한 인재를 등용시키자.
　　　　(　　　)

93) 어머니께 자백해서 용서를 빌자.
　　　(　　　)

94) 춘천은 호반의 도시다.
　(　　　)

95) 부모님께 불효한 것이 천추의 한이다.
　　　　　　　(　　　)

96) 부모님께 하직 인사를 했다.
　　　(　　　)

97) 비행 청소년을 선도하는 것이 더 중요하다.
　(　　　)

98) 사력을 다해서 싸워 이겨라. 대한건아!
　(　　　)

99) 사전에 예방을 하는 것이 중요하다.
　(　　　)

100) 생계가 막막하다고 쉽사리 좌절하지 말라.
　　(　　　)

6급 예상문제 10회

대한민국한자자격검정시험   성명 (   )   점수   점

가. 다음 한자어의 독음을 쓰시오.

본보기 : 孝道 (효도)

1) 前年 (   )   2) 玄米 (   )
3) 音色 (   )   4) 所見 (   )
5) 血書 (   )   6) 春秋 (   )
7) 近代 (   )   8) 正直 (   )
9) 風向 (   )   10) 兄弟 (   )
11) 百姓 (   )   12) 黃金 (   )
13) 江天 (   )   14) 日記 (   )
15) 明答 (   )   16) 靑白 (   )
17) 麻衣 (   )   18) 戶主 (   )
19) 無親 (   )   20) 交友 (   )

나. 다음 한자의 뜻이 상대되는 한자를 쓰시오.

본보기 : 上 ↔ (下)

21) 朝 ↔ (   )
22) 長 ↔ (   )

다. 다음 한자의 뜻이 비슷한 한자를 쓰시오.

본보기 : 道 ↔ (路)

23) 鳥 ↔ (   )
24) 身 ↔ (   )

라. 다음의 한자의 부수와 총 획수를 쓰시오.

본보기 : 孝 : (子부, 7획)

25) 西 :   부,   획
26) 母 :   부,   획

마. 다음 한자의 훈음을 쓰시오.

본보기 : 孝 (효도 효)

27) 絲 (   )   28) 免 (   )
29) 死 (   )   30) 赤 (   )
31) 須 (   )   32) 鼻 (   )
33) 北 (   )   34) 鹿 (   )
35) 邑 (   )   36) 夏 (   )
37) 片 (   )   38) 鬼 (   )
39) 室 (   )   40) 羽 (   )
41) 合 (   )   42) 穴 (   )
43) 阜 (   )   44) 夫 (   )
45) 洞 (   )   46) 艮 (   )

바. 다음의 단어를 한자로 바꿔 쓰시오.

본보기 : 효도:부모를 잘 섬기는 도리 (孝道)

47) 시립 : 시에서 관리하고 유지함. (   )
48) 좌수 : 왼쪽 손   (   )
49) 지사 : 각 도의 장관   (   )
50) 소유 : 자기 것으로 가짐.   (   )
51) 화식 : 불에 익혀서 먹음.   (   )

사. 다음 한자어의 뜻을 쓰시오.

본보기 : 孝道 (부모를 잘 섬기는 도리)

52) 住民 (   )
53) 安心 (   )
54) 名言 (   )
55) 草原 (   )

아. 다음 밑줄친 한자의 독음을 쓰시오.

본보기 : 부모님께 孝道를 하자.
(효도)

56) 漢方병원에 가서 침을 맞아야겠다.
( )

57) 오늘은 皮革회사에 견학을 갔다.
( )

58) 선생님께 面目이 없습니다.
( )

59) 너는 文學에 관심이 많이 있는 것 같다.
( )

60) 내일은 설악산을 登山하기로 했다.
( )

61) 어머니와 함께 동네 教會에 가보았다.
( )

62) 오빠가 수학여행에서 來日 돌아온다.
( )

63) 부모님께 全校 일등을 하겠다고 약속했다.
( )

64) 12월12일은 冬至여서 팥죽을 먹는다.
( )

65) 齒牙가 건강함은 타고난 복이다.
( )

자. 다음 물음에 알맞은 답을 쓰시오.

66) '道'의 뜻이 아닌 것은? ( )
① 길 ② 도 ③ 말하다 ④ 묻다

67) 다음 한자 중에서 제 부수가 아닌 것은? ( )
① 黑 ② 瓜 ③ 母 ④ 矛

68) '南'의 부수로 맞는 것은? ( )
① 十 ② 干 ③ 冂 ④ 南

차. 다음의 뜻에 알맞은 한자성어를 쓰시오.

69) 갑신정변이 3일만에 실패한 일을 이르는 말. ( )

70) 이리 저리 갈팡질팡함을 뜻하는 말. ( )

카. 다음 훈음에 맞는 한자를 쓰시오.

본보기 : 효도 효 (孝)

71) 범 호 ( ) 72) 꽃 화 ( )
73) 어릴 유 ( ) 74) 용 룡 ( )
75) 오이 과 ( ) 76) 물건 품 ( )
77) 기와 와 ( ) 78) 향기 향 ( )
79) 늙을 로 ( ) 80) 달릴 주 ( )
81) 털 모 ( ) 82) 각시 씨 ( )
83) 처음 초 ( ) 84) 나라이름한 ( )
85) 물을 문 ( ) 86) 벌레 충 ( )
87) 보리 맥 ( ) 88) 매울 신 ( )
89) 멀 원 ( ) 90) 글자 자 ( )

타. 다음 밑줄친 단어를 한자로 고쳐 쓰시오.

본보기 : 부모님께 효도를 하자.
(孝道)

91) 부모님 생신이 내일로 다가왔다.
( )

92) 설악산에 같이 동행해서 다녀오자.
( )

93) 주위가 엄숙한 게 폭풍 전야 같다.
( )

94) 가계에 보탬이 되도록 부업이라도 해야지.
( )

95) 다소 차이가 있지만 그런대로 쓸 만하다.
( )

96) 중대한 일을 계획하고 있다.
( )

97) 우리가 먼저 선수쳐서 공격하자.
( )

98) 팔당댐의 수문을 10년만에 연다고 한다.
( )

99) 식사가 끝나자마자 후식으로 과일이…
( )

100) 우리 모두 폐품을 활용하자.
( )

6급 예상문제 11회

대한민국한자자격검정시험   성명 (   )   점수   점

가. 다음 한자어의 독음을 쓰시오.

본보기 : 孝道 (효도)

1) 心中 (   )   2) 安全 (   )
3) 羊皮 (   )   4) 遠近 (   )
5) 朝夕 (   )   6) 風向 (   )
7) 羽毛 (   )   8) 爪角 (   )
9) 長幼 (   )   10) 白鹿 (   )
11) 魚貝 (   )   12) 洞口 (   )
13) 赤道 (   )   14) 天才 (   )
15) 靑春 (   )   16) 辰韓 (   )
17) 交代 (   )   18) 手記 (   )
19) 血肉 (   )   20) 立夏 (   )

나. 다음 한자의 뜻이 상대되는 한자를 쓰시오.

본보기 : 上 ↔ (下)

21)   王   ↔ (   )
22)   戈   ↔ (   )

다. 다음 한자의 뜻이 비슷한 한자를 쓰시오.

본보기 : 道 ↔ (路)

23)   示   ↔ (   )
24)   男   ↔ (   )

라. 다음의 한자의 부수와 총 획수를 쓰시오.

본보기 : 孝 : (子부, 7획)

25)   母 :   부,   획
26)   辛 :   부,   획

마. 다음 한자의 훈음을 쓰시오.

본보기 : 孝 (효도 효)

27) 又 (   )   28) 無 (   )
29) 非 (   )   30) 少 (   )
31) 書 (   )   32) 犬 (   )
33) 知 (   )   34) 而 (   )
35) 革 (   )   36) 矢 (   )
37) 舌 (   )   38) 戶 (   )
39) 須 (   )   40) 多 (   )
41) 先 (   )   42) 地 (   )
43) 左 (   )   44) 秋 (   )
45) 右 (   )   46) 初 (   )

바. 다음의 단어를 한자로 바꿔 쓰시오.

본보기 : 효도:부모를 잘 섬기는 도리 (孝道)

47) 비행 : 공중으로 날아감. (   )
48) 형제 : 형과 아우 (   )
49) 친우 : 벗 (   )
50) 신장 : 키. 서있는 몸의 높이 (   )
51) 생사 : 삶지 아니한 실 (   )

사. 다음 한자어의 뜻을 쓰시오.

본보기 : 孝道 (부모를 잘 섬기는 도리)

52) 下敎 (   )
53) 原文 (   )
54) 姓名 (   )
55) 世上 (   )

아. 다음 밑줄친 한자의 독음을 쓰시오.

본보기 : 부모님께 孝道를 하자.
(효도)

56) 大田은 우리 나라의 과학도시이다.
(　　　　)

57) 漢學을 열심히 배워 한의사가 되고 싶다.
(　　　　)

58) 午後에 외출하고 싶다.
(　　　　)

59) 子正은 밤 12시를 말한다.
(　　　　)

60) 校門에서 어머니께서 기다리셨다.
(　　　　)

61) 住民들이 모여 동네 청소를 말끔히 했다.
(　　　　)

62) 이 가게에는 다양한 品目이 없다.
(　　　　)

63) 우린 室內에 들어가서 차를 마셨다.
(　　　　)

64) 내 齒牙를 교정하기 위해 치과에 갔다.
(　　　　)

65) 今年 겨울은 유독히 추운 것 같다.
(　　　　)

자. 다음 물음에 알맞는 답을 쓰시오.

66) '家'의 뜻이 다르게 쓰인 것은? (　　)
① 生家　② 大家　③ 本家　④ 外家

67) '六'의 음이 다르게 쓰인 것은? (　　)
① 六月　② 六日　③ 六十　④ 六年

68) '字'의 부수로 맞는 것은? (　　)
① 子　② 宀　③ 字　④ 一

차. 다음의 뜻에 알맞는 한자성어를 쓰시오.

69) 한 가지 일을 하여 두 가지 이익을 거둠.
(　　　　)

70) 제가 묻고 제가 답함.
(　　　　)

카. 다음 훈음에 맞는 한자를 쓰시오.

본보기 : 효도 효 (孝)

71) 이를 지 (　　)　72) 곧을 직 (　　)
73) 오를 등 (　　)　74) 무거울 중 (　　)
75) 수건 건 (　　)　76) 셈할 계 (　　)
77) 소리 음 (　　)　78) 향기 향 (　　)
79) 마디 촌 (　　)　80) 보리 맥 (　　)
81) 높을 고 (　　)　82) 방패 간 (　　)
83) 콩　두 (　　)　84) 가지런할제 (　　)
85) 짧을 단 (　　)　86) 머리 수 (　　)
87) 바　소 (　　)　88) 조각 편 (　　)
89) 고을 읍 (　　)　90) 사내 남 (　　)

타. 다음 밑줄친 단어를 한자로 고쳐 쓰시오.

본보기 : 부모님께 효도를 하자.
(孝道)

91) 가을 들판이 황금빛으로 변했다.
(　　　　)

92) 내일은 삼촌한테 면회가기로 약속했다.
(　　　　)

93) 어머니는 화초 가꾸기를 좋아하신다.
(　　　　)

94) 교실 분위기가 활기가 넘쳐서 좋다.
(　　　　)

95) 각 지방마다의 말을 방언이라 한다.
(　　　　)

96) 오빠의 키가 아버지와 비등하다.
(　　　　)

97) 상 받는 날은 우리 가족은 항상 외식한다.
(　　　　)

98) 열심히 달렸지만 너에게는 역부족이다.
(　　　　)

99) 할아버지는 날마다 현미를 드신다.
(　　　　)

100) 발음을 분명하게 해야 한다.
(　　　　)

6급 예상문제 12회

대한민국한자자격검정시험   성명 (   )   점수   점

가. 다음 한자어의 독음을 쓰시오.

본보기 : 孝道 (효도)

1) 牛角(   )   2) 遠近(   )
3) 老少(   )   4) 先生(   )
5) 黑色(   )   6) 夏至(   )
7) 住民(   )   8) 敎室(   )
9) 安全(   )   10) 小學(   )
11) 登校(   ) 12) 合計(   )
13) 方向(   ) 14) 不孝(   )
15) 長幼(   ) 16) 活氣(   )
17) 上書(   ) 18) 蟲齒(   )
19) 夜食(   ) 20) 東西(   )

나. 다음 한자의 뜻이 상대되는 한자를 쓰시오.

본보기 : 上 ↔ (下)

21) 有 ↔ (   )
22) 前 ↔ (   )

다. 다음 한자의 뜻이 비슷한 한자를 쓰시오.

본보기 : 道 ↔ (路)

23) 玄 ↔ (   )
24) 皮 ↔ (   )

라. 다음의 한자의 부수와 총 획수를 쓰시오.

본보기 : 孝 : (子부, 7획)

25) 絲 :   부,   획
26) 虎 :   부,   획

마. 다음 한자의 훈음을 쓰시오.

본보기 : 孝 (효도 효)

27) 衣 (   )   28) 川 (   )
29) 斤 (   )   30) 止 (   )
31) 耳 (   )   32) 齊 (   )
33) 穴 (   )   34) 外 (   )
35) 阜 (   )   36) 走 (   )
37) 又 (   )   38) 己 (   )
39) 今 (   )   40) 辛 (   )
41) 辰 (   )   42) 冬 (   )
43) 邑 (   )   44) 非 (   )
45) 才 (   )   46) 豆 (   )

바. 다음의 단어를 한자로 바꿔 쓰시오.

본보기 : 효도:부모를 잘 섬기는 도리 (孝道)

47) 춘추 : 나이. 역사 (   )
48) 소견 : 보고 느낀 의견 (   )
49) 수공 : 손으로 만드는 공예품 (   )
50) 천지 : 하늘과 땅 (   )
51) 육친 : 혈연관계가 있는 사람 (   )

사. 다음 한자어의 뜻을 쓰시오.

본보기 : 孝道 (부모를 잘 섬기는 도리)

52) 年初 (   )
53) 正直 (   )
54) 姓氏 (   )
55) 文字 (   )

아. 다음 밑줄친 한자의 독음을 쓰시오.

| 본보기 : 부모님께 **孝道**를 하자. |
| (효도) |

56) 原子力 발전소가 건설되었다.
　　(　　　　)

57) 왜 기차를 火車라 부르는지 잘 모른다.
　　　　　　(　　　　)

58) 우리는 來日 소풍을 간다.
　　　　(　　　　)

59) 길동이 바로 내 本名이다.
　　　　　　(　　　　)

60) 言行일치가 참으로 어려운 일이다.
　(　　　　)

61) 아직도 自家用이 두 대인 집이 많다.
　　　　(　　　　)

62) 난 오늘 방송 記事를 썼다.
　　　　　　(　　　　)

63) 미리 내일 日氣 예보를 들어두어야겠다.
　　　　　(　　　　)

64) 난 항상 시험만 보면 一等을 한다.
　　　　　　　(　　　　)

65) 우리 조카가 오늘 入學하는 날이다.
　　　　　　(　　　　)

자. 다음 물음에 알맞는 답을 쓰시오.

66) '金'의 뜻이 다르게 쓰인 것은? (　　)
　　① 金言　② 一金　③ 出金　④ 入金

67) '不'의 음이 다르게 쓰인 것은? (　　)
　　① 不正　② 不安　③ 不出　④ 不言

68) '朝'의 부수로 맞는 것은? (　　)
　　① 月　② 十　③ 日　④ 朝

차. 다음의 뜻에 알맞는 한자성어를 쓰시오.

69) 한 번 묻는 데 대해 한 번 대답함.
　　　(　　　　　　)

70) 아주 친밀하여 떨어질 수 없는 사이
　　(　　　　　　)

카. 다음 훈음에 맞는 한자를 쓰시오.

| 본보기 : 효도 효 (**孝**) |

71) 모름지기수 (　　) 72) 대신할대 (　　)
73) 새　　을 (　　) 74) 벼　　화 (　　)
75) 양　　양 (　　) 76) 머리 수 (　　)
77) 푸를 청 (　　) 78) 알　　지 (　　)
79) 말　　두 (　　) 80) 무거울중 (　　)
81) 뼈　　골 (　　) 82) 새　　조 (　　)
83) 말　　마 (　　) 84) 아우 제 (　　)
85) 쉴　　휴 (　　) 86) 보리 맥 (　　)
87) 알　　란 (　　) 88) 코　　비 (　　)
89) 향기 향 (　　) 90) 세상 세 (　　)

타. 다음 밑줄친 단어를 한자로 고쳐 쓰시오.

| 본보기 : 부모님께 <u>효도</u>를 하자. |
| (孝道) |

91) 나는 다른 숲보다 죽림을 좋아한다.
　　　　　　　(　　　　)

92) 자기 신분에 맞는 생활을 해야한다.
　　(　　　　)

93) 그 일은 이장이 알아서 처리한 것이다.
　　　　(　　　　)

94) 나는 어려서부터 천재라는 소리를 들었다.
　　　　　　(　　　　)

95) 우리 집에서 한강이 훤히 보인다.
　　　　(　　　　)

96) 길옆에는 초목이 무성하다.
　　(　　　　)

97) 다년간 연구한 결과 성공했다.
　(　　　　)

98) 철수와 영희는 동문이다.
　　　　　(　　　　)

99) 어제 남한에 간첩이 넘어왔다고 한다.
　　　(　　　　)

100) 네 살갗은 백옥처럼 희구나!
　　　　　(　　　　)

6급 예상문제 13회

대한민국한자자격검정시험   성명 (   )   점수   점

가. 다음 한자어의 독음을 쓰시오.

본보기 : 孝道 (효도)

1) 不足 (   )   2) 比等 (   )
3) 東南 (   )   4) 冬至 (   )
5) 風向 (   )   6) 答書 (   )
7) 玄米 (   )   8) 夜間 (   )
9) 小麥 (   )   10) 父親 (   )
11) 古今 (   )   12) 手巾 (   )
13) 明示 (   )   14) 安心 (   )
15) 牛骨 (   )   16) 乙支 (   )
17) 交分 (   )   18) 鬼才 (   )
19) 無人 (   )   20) 飛上 (   )

나. 다음 한자의 뜻이 상대되는 한자를 쓰시오.

본보기 : 上 ↔ (下)

21) 短 ↔ (   )
22) 王 ↔ (   )

다. 다음 한자의 뜻이 비슷한 한자를 쓰시오.

본보기 : 道 ↔ (路)

23) 活 ↔ (   )
24) 己 ↔ (   )

라. 다음의 한자의 부수와 총 획수를 쓰시오.

본보기 : 孝 : (子부, 7획)

25) 齊 :   부,   획
26) 卵 :   부,   획

마. 다음 한자의 훈음을 쓰시오.

본보기 : 孝 (효도 효)

27) 耳 (   )   28) 谷 (   )
29) 而 (   )   30) 千 (   )
31) 初 (   )   32) 免 (   )
33) 絲 (   )   34) 年 (   )
35) 穴 (   )   36) 黃 (   )
37) 齒 (   )   38) 須 (   )
39) 民 (   )   40) 朝 (   )
41) 知 (   )   42) 片 (   )
43) 牙 (   )   44) 林 (   )
45) 麻 (   )   46) 矛 (   )

바. 다음의 단어를 한자로 바꿔 쓰시오.

본보기 : 효도:부모를 잘 섬기는 도리(孝道)

47) 근래 : 요즈음   (   )
48) 가구 : 집안 식구   (   )
49) 대신 : 남을 대리함.   (   )
50) 성명 : 성씨와 이름   (   )
51) 교정 : 글자의 잘못된 것을 바로 잡음.
                           (   )

사. 다음 한자어의 뜻을 쓰시오.

본보기 : 孝道 (부모를 잘 섬기는 도리)

52) 日記 (   )
53) 原本 (   )
54) 直角 (   )
55) 事後 (   )

아. 다음 밑줄친 한자의 독음을 쓰시오.

| 본보기 : 부모님께 <u>孝道</u>를 하자. |
| (효도) |

56) 내 딸은 언제 보아도 <u>孝女</u>이다.
( )

57) <u>赤色</u> 신호등일 때는 멈춰야 한다.
( )

58) <u>原子力</u> 발전소를 많이 세워야 한다.
( )

59) <u>走行</u> 중에 핸드폰 사용은 위험하다.
( )

60) <u>羊毛</u>는 아주 부드럽다.
( )

61) <u>皮革</u>제품은 아주 부드러운 것이 좋다.
( )

62) 시험이 <u>目前</u>에 다가왔는데 잡념이 많다.
( )

63) <u>衣食住</u>만 해결되면 금상첨화인데…
( )

64) 인재를 <u>登用</u>해야 나라의 미래가 열린다.
( )

65) <u>邑內</u>에 가서 옷을 사왔다.
( )

자. 다음 물음에 알맞는 답을 쓰시오.

66) '少'의 뜻이 다르게 쓰인 것은? ( )
① 少年 ② 老少 ③ 多少

67) '車'의 음이 다르게 쓰인 것은? ( )
① 馬車 ② 車道 ③ 車馬 ④ 牛車

68) '黑'의 부수로 맞는 것은? ( )
① 灬   ② 土   ③ 口   ④ 黑

차. 다음의 뜻에 알맞는 한자성어를 쓰시오.

69) 어렸을 때부터의 친한 벗
( )

70) 맑게 갠 날. 혹은 원죄가 판명돼 무죄가 되는 일을 뜻함. ( )

카. 다음 훈음에 맞는 한자를 쓰시오.

| 본보기 : 효도 효 (孝) |

71) 바   소 ( ) 72) 물을 문 ( )
73) 기운 기 ( ) 74) 멀   원 ( )
75) 땅   지 ( ) 76) 향기 향 ( )
77) 배울 학 ( ) 78) 셈할 계 ( )
79) 골   동 ( ) 80) 길   도 ( )
81) 점칠 복 ( ) 82) 일백 백 ( )
83) 맏   형 ( ) 84) 낮   오 ( )
85) 주인 주 ( ) 86) 구슬 옥 ( )
87) 화살 시 ( ) 88) 활   궁 ( )
89) 풀   초 ( ) 90) 장인 공 ( )

타. 다음 밑줄친 단어를 한자로 고쳐 쓰시오.

| 본보기 : 부모님께 <u>효도</u>를 하자. |
| (孝道) |

91) 형의 군부대에 <u>면회</u>가기로 했다.
( )

92) 삼촌이 <u>출세</u>해서 집에 오셨다.
( )

93) <u>청산</u>은 말없이 살다가 가라하네…
( )

94) <u>추석</u>에 돌아갈 차표를 예약했다.
( )

95) 우리 <u>부모</u>님은 노후설계를 하신다.
( )

96) <u>한문</u> 시험에서 백점을 받았다.
( )

97) <u>북한</u>에는 아직도 식량이 부족하다.
( )

98) 희경이는 <u>석수</u>를 즐겨 마신다.
( )

99) 갑자기 <u>중대</u>한 일이 벌어졌다.
( )

100) <u>교실</u>에서 무용을 했다.
( )

6급 예상문제 14회

대한민국한자자격검정시험   성명 (   )   점수   점

가. 다음 한자어의 독음을 쓰시오.

본보기 : 孝道 (효도)

1) 靑天(   ) 2) 住民(   )
3) 夜間(   ) 4) 甘瓜(   )
5) 魚貝(   ) 6) 不足(   )
7) 孝心(   ) 8) 高見(   )
9) 近來(   ) 10) 爪角(   )
11) 朝夕(   ) 12) 外交(   )
13) 八寸(   ) 14) 竹刀(   )
15) 車主(   ) 16) 干支(   )
17) 皮革(   ) 18) 玄米(   )
19) 方舟(   ) 20) 黃色(   )

나. 다음 한자의 뜻이 상대되는 한자를 쓰시오.

본보기 : 上 ↔ (下)

21) 左 ↔ (   )
22) 長 ↔ (   )

다. 다음 한자의 뜻이 비슷한 한자를 쓰시오.

본보기 : 道 ↔ (路)

23) 男 ↔ (   )
24) 里 ↔ (   )

라. 다음의 한자의 부수와 총 획수를 쓰시오.

본보기 : 孝 : (子부, 7획)

25) 至 :   부,   획
26) 走 :   부,   획

마. 다음 한자의 훈음을 쓰시오.

본보기 : 孝 (효도 효)

27) 赤 (   ) 28) 記 (   )
29) 比 (   ) 30) 答 (   )
31) 千 (   ) 32) 齊 (   )
33) 龍 (   ) 34) 休 (   )
35) 鼻 (   ) 36) 艮 (   )
37) 同 (   ) 38) 止 (   )
39) 阜 (   ) 40) 前 (   )
41) 舌 (   ) 42) 臣 (   )
43) 又 (   ) 44) 黑 (   )
45) 非 (   ) 46) 瓦 (   )

바. 다음의 단어를 한자로 바꿔 쓰시오.

본보기 : 효도:부모를 잘 섬기는 도리 (孝道)

47) 학교 : 교육을 시키는 기관 (   )
48) 편도 : 가고 오는 길 중 어느 한쪽
         (   )
49) 식구 : 가족   (   )
50) 향수 : 향기로운 냄새가 나는 물
         (   )
51) 자활 : 제힘으로 생활함. (   )

사. 다음 한자어의 뜻을 쓰시오.

본보기 : 孝道 (부모를 잘 섬기는 도리)

52) 漢字 (   )
53) 父親 (   )
54) 正直 (   )
55) 敎室 (   )

아. 다음 밑줄친 한자의 독음을 쓰시오.

본보기 : 부모님께 孝道를 하자.
(효도)

56) 올해 春秋는 어떻게 되십니까?
( )
57) 동생이 初等학교에 입학했다.
( )
58) 아직도 姓名을 한자로 쓸 줄 모르냐?
( )
59) 아버지와 일요일에 登山하기로 하였다.
( )
60) 나의 幼年은 참으로 행복했다.
( )
61) 白花가 너무나 아름답다.
( )
62) 後門으로 가면 우리 집이 가깝다.
( )
63) 無知하면 세상을 살기가 어렵다.
( )
64) 草原이 너무나 아름답게 펼쳐져 있다.
( )
65) 어머니 生辰이 내일이어서 바쁘다.
( )

자. 다음 물음에 알맞는 답을 쓰시오.
66) '王'의 뜻이 다르게 쓰인 것은? ( )
   ① 王子 ② 女王 ③ 大王 ④ 王父
67) '瓜田'의 뜻으로 맞는 것은? ( )
   ① 오이밭 ② 손톱밭 ③ 채소밭 ④ 오이
68) '書'의 부수로 맞는 것은? ( )
   ① 曰   ② 聿   ③ 日   ④ 書

차. 다음의 뜻에 알맞는 한자성어를 쓰시오.
69) 남의 말을 귀담아 듣지 않고 곧 흘려 버림을 이르는 말 ( )
70) 한 입으로 두 가지 말을 함.
( )

카. 다음 훈음에 맞는 한자를 쓰시오.

본보기 : 효도 효 (孝)

71) 무거울 중 ( ) 72) 물건 품 ( )
73) 남녘 남 ( ) 74) 고을 읍 ( )
75) 젊을 소 ( ) 76) 소리 음 ( )
77) 멀 원 ( ) 78) 말 무 ( )
79) 날 출 ( ) 80) 바 소 ( )
81) 물을 문 ( ) 82) 삼 마 ( )
83) 알 란 ( ) 84) 머리 수 ( )
85) 있을 유 ( ) 86) 향할 향 ( )
87) 범 호 ( ) 88) 벌레 충 ( )
89) 수풀 림 ( ) 90) 실 사 ( )

타. 다음 밑줄친 단어를 한자로 고쳐 쓰시오.

본보기 : 부모님께 효도를 하자.
(孝道)

91) 이 사람은 신분이 확실하다.
( )
92) 우리 정치는 가신들이 판을 친다.
( )
93) 요즈음은 십대들의 세상인 것 같다.
( )
94) 병원에서 치아를 교정해야겠다.
( )
95) 미국엔 한인들이 모여 사는 도시가 있다.
( )
96) 친구의 행방이 묘연하다.
( )
97) 우리 회합에 참가하면 좋겠구나!
( )
98) 문명이 발달해서 이제 기계가 일을 한다.
( )
99) 제주도를 삼다도라 한다.
( )
100) 우리 형제는 우애가 참 좋습니다.
( )

6급 예 상 문 제 15회

대한민국한자자격검정시험   성명 (   )   점수   점

가. 다음 한자어의 독음을 쓰시오.

본보기 : 孝道 (효도)

1) 玄米(   )   2) 向後(   )
3) 非行(   )   4) 中止(   )
5) 合計(   )   6) 夜間(   )
7) 金絲(   )   8) 天才(   )
9) 南韓(   )   10) 手巾(   )
11) 江天(   ) 12) 市立(   )
13) 比重(   ) 14) 黃色(   )
15) 工事(   ) 16) 少年(   )
17) 所有(   ) 18) 自身(   )
19) 先親(   ) 20) 內室(   )

나. 다음 한자의 뜻이 상대되는 한자를 쓰시오.

본보기 : 上 ↔ (下)

21) 近 ↔ (   )
22) 答 ↔ (   )

다. 다음 한자의 뜻이 비슷한 한자를 쓰시오.

본보기 : 道 ↔ (路)

23) 革 ↔ (   )
24) 男 ↔ (   )

라. 다음의 한자의 부수와 총 획수를 쓰시오.

본보기 : 孝 : (子부, 7획)

25) 阜 :   부,   획
26) 羽 :   부,   획

마. 다음 한자의 훈음을 쓰시오.

본보기 : 孝 (효도 효)

27) 辛 (   )   28) 西 (   )
29) 老 (   )   30) 地 (   )
31) 等 (   )   32) 千 (   )
33) 骨 (   )   34) 見 (   )
35) 支 (   )   36) 齊 (   )
37) 斗 (   )   38) 氏 (   )
39) 龍 (   )   40) 斤 (   )
41) 矢 (   )   42) 而 (   )
43) 衣 (   )   44) 干 (   )
45) 飛 (   )   46) 谷 (   )

바. 다음의 단어를 한자로 바꿔 쓰시오.

본보기 : 효도:부모를 잘 섬기는 도리(孝道)

47) 인품 : 사람의 품격   (   )
48) 제자 : 스승의 가르침을 받은 자 (   )
49) 한자 : 중국의 문자   (   )
50) 분명 : 확실히   (   )
51) 민심 : 국민의 마음   (   )

사. 다음 한자어의 뜻을 쓰시오.

본보기 : 孝道 (부모를 잘 섬기는 도리)

52) 古今 (   )
53) 敎本 (   )
54) 百姓 (   )
55) 直角 (   )

아. 다음 밑줄친 한자의 독음을 쓰시오.

| 본보기 : 부모님께 <u>孝道</u>를 하자. |
| (효도) |

56) 사람들은 나를 약방의 <u>甘草</u>라 한다.
( )
57) 작업을 잠시 <u>中止</u>하시오.
( )
58) <u>代書所</u>에 가서 서류를 작성해야만 하나?
( )
59) 그는 <u>不死鳥</u>같은 인생이다.
( )
60) <u>不孝</u>하면 부모님 돌아가신 후 후회한다.
( )
61) 면전에서 <u>直言</u>을 해주는 친구가 있다.
( )
62) 그이 효성은 <u>洞里</u>에 소문이 자자하다.
( )
63) <u>血氣</u>가 왕성하니 싸울까 그것을 경계하라.
( )
64) 가계부를 성실하게 <u>記入</u>하여 상을 받았다.
( )
65) 왜 부부는 <u>無寸</u>인지 생각해 봤니?
( )

자. 다음 물음에 알맞는 답을 쓰시오.
66) 동물과 관계없는 글자는? ( )
　① 爪　② 肉　③ 血　④ 瓜
67) 무기와 관계가 없는 글자는? ( )
　① 斤　② 牙　③ 戈　④ 矛
68) ´前´의 부수로 맞는 것은? ( )
　① 月　② 前　③ 艹　④ 刂

차. 다음의 뜻에 알맞는 한자성어를 쓰시오.
69) 남의 말을 귀담아 듣지 않고 곧 흘려 버림을 이르는 말 ( )
70) 서로 만나 본 일이 없어 도무지 모르는 사이 ( )

카. 다음 훈음에 맞는 한자를 쓰시오.

| 본보기 : 효도 효 (孝) |

71) 모름지기 수 ( )　72) 점칠 복 ( )
73) 오를 등 ( )　74) 보일 시 ( )
75) 붉을 적 ( )　76) 처음 초 ( )
77) 별 진 ( )　78) 쉴 휴 ( )
79) 면할 면 ( )　80) 짧을 단 ( )
81) 여름 하 ( )　82) 배 주 ( )
83) 편안 안 ( )　84) 모일 회 ( )
85) 많을 다 ( )　86) 이름 명 ( )
87) 달릴 주 ( )　88) 살 활 ( )
89) 소리 음 ( )　90) 이 치 ( )

타. 다음 밑줄친 단어를 한자로 고쳐 쓰시오.

| 본보기 : 부모님께 <u>효도</u>를 하자. |
| (孝道) |

91) 이 지방의 <u>방언</u>을 채집하러 왔습니다.
( )
92) <u>학부형</u>여러분의 협조를 부탁드립니다.
( )
93) <u>장유</u>유서가 실종된 것 같다.
( )
94) 고지에 있는 넓은 들판을 <u>고원</u>이라 한다.
( )
95) <u>교우</u>관계가 원만해야 한다.
( )
96) <u>가문</u>을 빛낼 수 있도록 최선을 다하라.
( )
97) <u>육식</u>을 즐겨하면 비만의 원인이 된다.
( )
98) 오늘 할 일을 <u>내일</u>로 미루지 말라.
( )
99) <u>동지</u> 죽을 먹는 날이 언제인지 알고 있니?
( )
100) 바둑판에서 벌어지는 <u>흑백</u>의 싸움…
( )

6급 예 상 문 제 16회

대한민국한자자격검정시험   성명 (   )   점수   점

가. 다음 한자어의 독음을 쓰시오.

본보기 : 孝道 (효도)

1) 齒牙(   )   2) 四角(   )
3) 干支(   )   4) 甘草(   )
5) 江山(   )   6) 魚卵(   )
7) 初等(   )   8) 代金(   )
9) 靑龍(   )   10) 千里(   )
11) 牛馬(   )   12) 工學(   )
13) 老少(   )   14) 赤色(   )
15) 白米(   )   16) 原麥(   )
17) 合計(   )   18) 高阜(   )
19) 不足(   )   20) 比重(   )

나. 다음 한자의 뜻이 상대되는 한자를 쓰시오.

본보기 : 上 ↔ (下)

21)   近   ↔ (   )
22)   有   ↔ (   )

다. 다음 한자의 뜻이 비슷한 한자를 쓰시오.

본보기 : 道 ↔ (路)

23)   乙   ↔ (   )
24)   玄   ↔ (   )

라. 다음의 한자의 부수와 총 획수를 쓰시오.

본보기 : 孝 : (子부, 7획)

25)   登 :   부,   획
26)   夏 :   부,   획

마. 다음 한자의 훈음을 쓰시오.

본보기 : 孝 (효도 효)

27) 齊 (   )   28) 片 (   )
29) 貝 (   )   30) 毋 (   )
31) 舌 (   )   32) 皮 (   )
33) 禾 (   )   34) 休 (   )
35) 矢 (   )   36) 室 (   )
37) 毛 (   )   38) 面 (   )
39) 免 (   )   40) 革 (   )
41) 秋 (   )   42) 長 (   )
43) 短 (   )   44) 斗 (   )
45) 林 (   )   46) 至 (   )

바. 다음의 단어를 한자로 바꿔 쓰시오.

본보기 : 효도:부모를 잘 섬기는 도리(孝道)

47) 용심 : 정성스런 마음을 씀. (   )
48) 연로 : 나이가 많아서 늙음. (   )
49) 인품 : 사람의 품격   (   )
50) 동구 : 동네 어귀   (   )
51) 본래 : 본디   (   )

사. 다음 한자어의 뜻을 쓰시오.

본보기 : 孝道 (부모를 잘 섬기는 도리)

52) 外交 (   )
53) 自活 (   )
54) 親知 (   )
55) 文字 (   )

아. 다음 밑줄친 한자의 독음을 쓰시오.

> 본보기 : 부모님께 <u>孝道</u>를 하자.
> (효도)

56) 2~3일마다 꼭 <u>面刀</u>를 해야 깔끔하다.
( )

57) 절 입구에는 <u>四天王</u>이 무섭게 버티고 있다.
( )

58) 할머니께서 <u>氣力</u>이 많이 떨어지셨다.
( )

59) 선생님께서 나를 <u>首弟子</u>라 소개 하셨다.
( )

60) 할머니 <u>生辰</u> 준비 때문에 시장에 갔다.
( )

61) <u>夜間</u> 열차 타고 서울에 다녀왔다.
( )

62) 겨울 문턱에 들어선다는 <u>立冬</u>이 되었다.
( )

63) 오늘은 <u>敎會</u>에 예배보러 간다.
( )

64) 사무실에 <u>手巾</u>이 없어서 한 장 샀다.
( )

65) <u>校長</u>선생님께서 출장가셔서 안 계십니다.
( )

자. 다음 물음에 알맞는 답을 쓰시오.

66) '口'의 뜻이 다르게 쓰인 것은? ( )
① 人口 ② 食口 ③ 戶口 ④ 入口

67) '金'의 음이 다르게 쓰인 것은? ( )
① 白金 ② 千金 ③ 金氏 ④ 金石

68) '正'의 부수로 맞는 것은? ( )
① 一   ② 止   ③ 正   ④ 下

차. 다음의 뜻에 알맞는 한자성어를 쓰시오.

69) 제 마음대로 처리하거나 남을 마음대로 지휘함을 뜻함. ( )

70) 일을 미리 짐작하는 밝은 지혜를 뜻함.
( )

카. 다음 훈음에 맞는 한자를 쓰시오.

> 본보기 : 효도 효 (孝)

71) 짧을 단 ( ) 72) 밥   식 ( )
73) 한수 한 ( ) 74) 지게 호 ( )
75) 어릴 유 ( ) 76) 골   곡 ( )
77) 고기 육 ( ) 78) 범   호 ( )
79) 아침 조 ( ) 80) 꽃   화 ( )
81) 손톱 조 ( ) 82) 실   사 ( )
83) 가까울근 ( ) 84) 남녘 남 ( )
85) 편안 안 ( ) 86) 행할 행 ( )
87) 이제 금 ( ) 88) 아닐 비 ( )
89) 옛   고 ( ) 90) 몸   기 ( )

타. 다음 밑줄친 단어를 한자로 고쳐 쓰시오.

> 본보기 : 부모님께 <u>효도</u>를 하자.
> (孝道)

91) 우리 이모는 <u>백의</u>의 천사다.
( )

92) 아버지께서 <u>지방</u>으로 출장가셨다.
( )

93) 실내장식이 <u>고풍</u>으로 잘 꾸며져 있다.
( )

94) 투표할 때는 <u>무기명</u>으로 한다.
( )

95) 부모님께 편지 쓸 때는 <u>전상서</u>라고 시작…
( )

96) 이번 연극에서 꽤 <u>비중</u> 있는 역을 맡았다.
( )

97) 우리 나라는 <u>삼면</u>이 바다이다.
( )

98) 아버지와 벌초하러 <u>산소</u>에 다녀 왔다.
( )

99) 전국 <u>시도</u>에서 훌륭한 선수들이 다 모였다.
( )

100) <u>후세</u>에 누가 대장부라 일컬으리오.
( )

6급 예상문제 17회

대한민국한자자격검정시험   성명 (   )   점수   점

가. 다음 한자어의 독음을 쓰시오.

본보기 : 孝道 (효도)

1) 魚貝 (   )   2) 初老 (   )
3) 雨氣 (   )   4) 齒牙 (   )
5) 食事 (   )   6) 正答 (   )
7) 香氣 (   )   8) 漢學 (   )
9) 日記 (   )   10) 水面 (   )
11) 夜間 (   ) 12) 有無 (   )
13) 交友 (   ) 14) 走行 (   )
15) 先生 (   ) 16) 近來 (   )
17) 古今 (   ) 18) 石弓 (   )
19) 靑色 (   ) 20) 耳目 (   )

나. 다음 한자의 뜻이 반대되는 한자를 쓰시오.

본보기 : 上 ↔ (下)

21) 南 ↔ (   )
22) 內 ↔ (   )

다. 다음 한자의 뜻이 비슷한 한자를 쓰시오.

본보기 : 道 ↔ (路)

23) 己 ↔ (   )
24) 乙 ↔ (   )

라. 다음의 한자의 부수와 총 획수를 쓰시오.

본보기 : 孝 : (子부, 7획)

25) 原 :   부,   획
26) 音 :   부,   획

마. 다음 한자의 훈음을 쓰시오.

본보기 : 孝 (효도 효)

27) 韓 (   )   28) 高 (   )
29) 兄 (   )   30) 氏 (   )
31) 虎 (   )   32) 道 (   )
33) 支 (   )   34) 飛 (   )
35) 黃 (   )   36) 麻 (   )
37) 絲 (   )   38) 馬 (   )
39) 鼻 (   )   40) 蟲 (   )
41) 西 (   )   42) 角 (   )
43) 朝 (   )   44) 赤 (   )
45) 阜 (   )   46) 幼 (   )

바. 다음의 단어를 한자로 바꿔 쓰시오.

본보기 : 효도:부모를 잘 섬기는 도리(孝道)

47) 자제 : 남의 아들을 높여 이르는 말
(   )
48) 청천 : 푸른 하늘   (   )
49) 사활 : 죽고 사는 것 (   )
50) 비중 : 물체의 무게   (   )
51) 동지 : 밤이 가장 긴 24절후의 하나
(   )

사. 다음 한자어의 뜻을 쓰시오.

본보기 : 孝道 (부모를 잘 섬기는 도리)

52) 人品 (   )
53) 遠大 (   )
54) 春秋 (   )
55) 立夏 (   )

아. 다음 밑줄친 한자의 독음을 쓰시오.

> 본보기 : 부모님께 <u>孝道</u>를 하자.
> (효도)

56) 우리는 중국의 <u>天安門</u> 사건을 기억한다.
(   )
57) 공부해야 하는 것이 학생의 <u>本分</u>이다.
(   )
58) <u>長短</u>을 맞추기 위해 힘썼다.
(   )
59) 이곳은 <u>出入</u> 금지구역이다.
(   )
60) 이 영광을 <u>洞民</u> 여러분께 드립니다.
(   )
61) 이제 <u>朝夕</u>으로 제법 추워졌다.
(   )
62) 우리 언니는 <u>八方</u>미인이다.
(   )
63) 조금씩 양보해서 <u>一等</u> 시민이 됩시다.
(   )
64) 수능시험 때문에 <u>心身</u>이 모두 지쳐있다.
(   )
65) 한빛과 나는 <u>同門</u>입니다.
(   )

자. 다음 물음에 알맞는 답을 쓰시오.

66) '少'의 뜻을 두 가지 쓰시오.
①   ②
67) '車'의 음이 다르게 쓰인 것은? (   )
　① 馬車　② 人力車　③ 車道　④ 白車
68) '弟'의 부수로 맞는 것은? (   )
　① 弓　② ㅣ　③ ノ　④ 八

차. 다음의 뜻에 알맞는 한자성어를 쓰시오.

69) 늙지 않고 오래 산다는 뜻
(   )
70) 아주 친밀하여 떨어질 수 없는 사이를 뜻함. (   )

카. 다음 훈음에 맞는 한자를 쓰시오.

> 본보기 : 효도 효 (孝)

71) 벼　　화 (   )　72) 점칠 복 (   )
73) 검을 흑 (   )　74) 향할 향 (   )
75) 머리 수 (   )　76) 뒤　　후 (   )
77) 세상 세 (   )　78) 온전할전 (   )
79) 보리 맥 (   )　80) 바　　소 (   )
81) 아닐 비 (   )　82) 소　　우 (   )
83) 뼈　　골 (   )　84) 아홉 구 (   )
85) 알　　지 (   )　86) 가죽 피 (   )
87) 별　　진 (   )　88) 물을 문 (   )
89) 사슴 록 (   )　90) 모일 회 (   )

타. 다음 밑줄친 단어를 한자로 고쳐 쓰시오.

> 본보기 : 부모님께 <u>효도</u>를 하자.
> (孝道)

91) <u>원자력</u> 발전소 건설이 반대에 부딪쳤다.
(   )
92) <u>성명</u>을 한자로 쓰시오.
(   )
93) <u>연대</u>를 표기할 때는 단기 연호를 쓴다.
(   )
94) 인재를 <u>등용</u>해서 회사를 발전시키자.
(   )
95) <u>문명</u>이 점점 발달할수록 인간은 외롭다.
(   )
96) <u>모교</u>를 빛낸 선배들을 소개합니다.
(   )
97) 장성에 있는 <u>백양산</u>은 단풍이 유명하다.
(   )
98) 지금 <u>서실</u>에서 글을 쓰고 있습니다.
(   )
99) 일일이 <u>수공</u>으로 작품을 만들었다.
(   )
100) 오늘 우리 식구는 <u>친가</u>를 방문하였다.
(   )

6급 예상문제 18회

대한민국한자자격검정시험   성명(   )   점수   점

가. 다음 한자어의 독음을 쓰시오.

본보기 : 孝道 (효도)

1) 首弟子(   )   2) 無休(   )
3) 花草(   )   4) 幼年(   )
5) 孝心(   )   6) 近來(   )
7) 小麥(   )   8) 竹林(   )
9) 高氏(   )   10) 古今(   )
11) 冬至(   )   12) 虎皮(   )
13) 漢字(   )   14) 市民(   )
15) 六角(   )   16) 百姓(   )
17) 三千里(   )   18) 合計(   )
19) 力士(   )   20) 飛上(   )

나. 다음 한자의 뜻이 상대되는 한자를 쓰시오.

본보기 : 上 ↔ (下)

21)   前   ↔   (   )
22)   白   ↔   (   )

다. 다음 한자의 뜻이 비슷한 한자를 쓰시오.

본보기 : 道 ↔ (路)

23)   生   ↔   (   )
24)   室   ↔   (   )

라. 다음의 한자의 부수와 총 획수를 쓰시오.

본보기 : 孝 : (子부, 7획)

25)   香 :   부,   획
26)   玄 :   부,   획

마. 다음 한자의 훈음을 쓰시오.

본보기 : 孝 (효도 효)

27) 住 (   )   28) 立 (   )
29) 而 (   )   30) 爪 (   )
31) 瓦 (   )   32) 瓜 (   )
33) 之 (   )   34) 知 (   )
35) 耳 (   )   36) 米 (   )
37) 夜 (   )   38) 谷 (   )
39) 又 (   )   40) 血 (   )
41) 言 (   )   42) 齊 (   )
43) 乙 (   )   44) 比 (   )
45) 戈 (   )   46) 品 (   )

바. 다음의 단어를 한자로 바꿔 쓰시오.

본보기 : 효도:부모를 잘 섬기는 도리 (孝道)

47) 목하 : 바로 지금, 바로 이때 (   )
48) 명시 : 똑똑히 알도록 제시함. (   )
49) 심기 : 마음으로 느끼는 기분 (   )
50) 비행 : 사람의 도리에 벗어난 행위
            (   )
51) 다방면 : 모든 면에서 월등하게 뛰어남.
            (   )

사. 다음 한자어의 뜻을 쓰시오.

본보기 : 孝道 (부모를 잘 섬기는 도리)

52) 外家 (   )
53) 親分 (   )
54) 民間 (   )
55) 母校 (   )

아. 다음 밑줄친 한자의 독음을 쓰시오.

> 본보기 : 부모님께 <u>孝道</u>를 하자.
> (효도)

56) <u>登記所</u>에 가서 서류를 발급 받았다.
( )

57) 어려서 사탕을 좋아해 <u>蟲齒</u>가 생겼다.
( )

58) 사람은 항상 <u>正直</u>해야 한다.
( )

59) <u>日本</u>은 가깝고도 먼 나라이다.
( )

60) 날씨가 더워 <u>漢江</u>변에 사람이 많다.
( )

61) <u>天才</u>는 외로운거야!
( )

62) <u>秋夕</u>에 부모님을 찾아 뵙지 못하였다.
( )

63) <u>自身</u>의 앞날을 위해 노력하십시오.
( )

64) 갑자기 <u>重大</u>한 일이 벌어졌다.
( )

65) 나는 <u>文學少女</u>가 되기 위해 노력했다.
( )

자. 다음 물음에 알맞는 답을 쓰시오.

66) '足'의 뜻이 다르게 쓰인 것은? ( )
① 四足 ② 手足 ③ 不足 ④ 首足

67) '六'의 음이 다르게 쓰인 것은? ( )
① 六月 ② 六年 ③ 六十 ④ 六日

68) '孝'의 부수로 맞는 것은? ( )
① 子 ② 耂 ③ 土 ④ 丿

차. 다음의 뜻에 알맞는 한자성어를 쓰시오.

69) 장점도 있고 단점도 있음.
( )

70) 묻는 말에 당치도 않은 대답을 함.
( )

카. 다음 훈음에 맞는 한자를 쓰시오.

> 본보기 : 효도 효 (孝)

71) 근본 원 ( )   72) 소리 음 ( )
73) 저자 시 ( )   74) 창 모 ( )
75) 활 궁 ( )   76) 사슴 록 ( )
77) 모일 회 ( )   78) 그칠 지 ( )
79) 언덕 부 ( )   80) 구멍 혈 ( )
81) 아침 조 ( )   82) 벼 화 ( )
83) 화살 시 ( )   84) 배 주 ( )
85) 가죽 혁 ( )   86) 코 비 ( )
87) 바람 풍 ( )   88) 가르칠 교 ( )
89) 멀 원 ( )   90) 달릴 주 ( )

타. 다음 밑줄친 단어를 한자로 고쳐 쓰시오.

> 본보기 : 부모님께 <u>효도</u>를 하자.
> (孝道)

91) 부모님과 대화할 때 <u>세대</u>차이를 느낀다.
( )

92) 우리국민은 안전불감증에 사로잡혀 있다.
( )

93) 수입쇠고기보다 <u>한우</u> 고기가 훨씬 연하다.
( )

94) 어제 낚시에서 <u>대어</u>를 낚았다.
( )

95) 도시 한복판에 <u>인공</u> 연못을 만들었다.
( )

96) 내 한문실력이 <u>초등</u> 학생보다 못하다니.
( )

97) 면접시험은 <u>서면</u>으로 대체되어 보았다.
( )

98) <u>차도</u>로 다니는 것은 위험합니다.
( )

99) 사람을 대할 때 <u>선입견</u>을 갖으면 안 된다.
( )

100) 가을 들판은 온통 <u>황색</u> 물결이다.
( )

6급 예상문제 19회

대한민국한자자격검정시험   성명 (   )   점수   점

가. 다음 한자어의 독음을 쓰시오.

본보기 : 孝道 (효도)

1) 韓食 (   )   2) 初等 (   )
3) 弟子 (   )   4) 洞民 (   )
5) 南北 (   )   6) 短見 (   )
7) 馬夫 (   )   8) 血肉 (   )
9) 門戶 (   )   10) 正午 (   )
11) 金氏 (   )   12) 冬至 (   )
13) 直前 (   )   14) 安全 (   )
15) 先手 (   )   16) 支所 (   )
17) 重石 (   )   18) 中止 (   )
19) 知面 (   )   20) 方今 (   )

나. 다음 한자의 뜻이 상대되는 한자를 쓰시오.

본보기 : 上 ↔ (下)

21)   登   ↔ (   )
22)   問   ↔ (   )

다. 다음 한자의 뜻이 비슷한 한자를 쓰시오.

본보기 : 道 ↔ (路)

23)   皮   ↔ (   )
24)   玄   ↔ (   )

라. 다음의 한자의 부수와 총 획수를 쓰시오.

본보기 : 孝 : (子부, 7획)

25)   齒 :   부,   획
26)   首 :   부,   획

마. 다음 한자의 훈음을 쓰시오.

본보기 : 孝 (효도 효)

27) 又 (   )   28) 玉 (   )
29) 須 (   )   30) 幼 (   )
31) 絲 (   )   32) 林 (   )
33) 黃 (   )   34) 巾 (   )
35) 辛 (   )   36) 夏 (   )
37) 舟 (   )   38) 走 (   )
39) 爪 (   )   40) 斤 (   )
41) 卵 (   )   42) 穴 (   )
43) 地 (   )   44) 虎 (   )
45) 臣 (   )   46) 骨 (   )

바. 다음의 단어를 한자로 바꿔 쓰시오.

본보기 : 효도:부모를 잘 섬기는 도리 (孝道)

47) 합계 : 따져서 셈함.   (   )
48) 부족 : 넉넉하지 못함. 모자람. (   )
49) 교본 : 교과서   (   )
50) 가구 : 집안 식구   (   )
51) 초목 : 풀과 나무   (   )

사. 다음 한자어의 뜻을 쓰시오.

본보기 : 孝道 (부모를 잘 섬기는 도리)

52) 立秋 (   )
53) 遠大 (   )
54) 片道 (   )
55) 記事 (   )

아. 다음 밑줄친 한자의 독음을 쓰시오.

본보기 : 부모님께 孝道를 하자.
(효도)

56) 2학기에 들어와서 처음 學校에 간다.
( )
57) 한자공부는 字音을 정확히 알아야 한다.
( )
58) 옆집에는 自家用이 2대이다.
( )
59) 어머니께서는 요즈음 心氣가 불편하시다.
( )
60) 아버지는 그분과 交分이 두터우시다.
( )
61) 鹿角으로 한약을 지어왔다.
( )
62) 부모님 老後는 우리가 책임져야 한다.
( )
63) 퀴리夫人은 위대한 업적을 남겼다.
( )
64) 男子라면 다섯 수레의 책을 읽어야 한다.
( )
65) 우리나라 선수들은 세계적인 名弓이다.
( )

자. 다음 물음에 알맞는 답을 쓰시오.
66) 千年의 '千'은 무슨 뜻인가? ( )
　① 길다　② 많다　③ 오래다　④ 세월
67) 다음 한자의 음과 뜻을 쓰시오.
　① 爪 ( )　② 瓜 ( )
68) '韓'의 부수로 맞는 것은? ( )
　① 十　② 日　③ 韋　④ 口

차. 다음의 뜻에 알맞는 한자성어를 쓰시오.
69) 먼 뒷날까지에 걸친 큰 계획을 뜻함.
( )
70) 어렸을 때부터의 친한 벗
( )

카. 다음 훈음에 맞는 한자를 쓰시오.

본보기 : 효도 효 (孝)

71) 집　　실 ( )　72) 모름지기수 ( )
73) 가지런할제 ( )　74) 해　　년 ( )
75) 모일　회 ( )　76) 붉을　적 ( )
77) 옛　　고 ( )　78) 살　　활 ( )
79) 면할　면 ( )　80) 왼쪽　좌 ( )
81) 별　　진 ( )　82) 고을　읍 ( )
83) 가까울근 ( )　84) 아닐　비 ( )
85) 오른쪽우 ( )　86) 날　　비 ( )
87) 머무를간 ( )　88) 글월　문 ( )
89) 글　　서 ( )　90) 아침　조 ( )

타. 다음 밑줄친 단어를 한자로 고쳐 쓰시오.

본보기 : 부모님께 효도를 하자.
(孝道)

91) 내가 교대로 그 일을 하기로 결정했다.
( )
92) 출발 직전에야 비로소 그 일을 알았다.
( )
93) 산색은 예나 지금이나 변함이 없다.
( )
94) 자기 생년월일을 모르는 사람도 있다.
( )
95) 일기 예보에서 내일 비가 온다 했다.
( )
96) 면전에서 나의 허물을 말해주는 벗이다.
( )
97) 의식주를 해결하기 위해 노력해야 한다.
( )
98) 고모는 정말 팔방미인이다.
( )
99) 여자는 품행이 단정해야 한다.
( )
100) 충치를 예방하려면 매일 이를 닦으시오.
( )

6급 예상문제 20회

대한민국한자자격검정시험   성명 (   )   점수   점

가. 다음 한자어의 독음을 쓰시오.

본보기 : 孝道 (효도)

1) 生辰(   )   2) 百千(   )
3) 玄黃(   )   4) 六寸(   )
5) 品目(   )   6) 今明間(   )
7) 金絲(   )   8) 交友(   )
9) 近來(   )   10) 初老(   )
11) 洞長(   )   12) 工夫(   )
13) 朝夕(   )   14) 無等(   )
15) 敎本(   )   16) 齒牙(   )
17) 中止(   )   18) 多角(   )
19) 外面(   )   20) 甘草(   )

나. 다음 한자의 뜻이 상대되는 한자를 쓰시오.

본보기 : 上 ↔ (下)

21)   前   ↔   (   )
22)   白   ↔   (   )

다. 다음 한자의 뜻이 비슷한 한자를 쓰시오.

본보기 : 道 ↔ (路)

23)   本   ↔   (   )
24)   夫   ↔   (   )

라. 다음의 한자의 부수와 총 획수를 쓰시오.

본보기 : 孝 : (子부, 7획)

25)   北 :   부,   획
26)   飛 :   부,   획

마. 다음 한자의 훈음을 쓰시오.

본보기 : 孝 (효도 효)

27) 支 (   )   28) 比 (   )
29) 谷 (   )   30) 民 (   )
31) 記 (   )   32) 短 (   )
33) 齊 (   )   34) 耳 (   )
35) 弟 (   )   36) 矛 (   )
37) 米 (   )   38) 斗 (   )
39) 非 (   )   40) 示 (   )
41) 魚 (   )   42) 香 (   )
43) 貝 (   )   44) 蟲 (   )
45) 重 (   )   46) 麥 (   )

바. 다음의 단어를 한자로 바꿔 쓰시오.

본보기 : 효도:부모를 잘 섬기는 도리(孝道)

47) 선인 : 옛날에 살았던 사람   (   )
48) 한문 : 한자를 써서 기록한 문장 (   )
49) 등용 : 인재를 뽑아 씀.   (   )
50) 비음 : 코 안을 울리면서 내는 소리
                              (   )
51) 남녀 : 남자와 여자   (   )

사. 다음 한자어의 뜻을 쓰시오.

본보기 : 孝道 (부모를 잘 섬기는 도리)

52) 出馬 (   )
53) 自活 (   )
54) 方向 (   )
55) 問安 (   )

아. 다음 밑줄친 한자의 독음을 쓰시오.

| 본보기 : 부모님께 孝道를 하자. |
| (효도) |

56) 姓名만은 한자로 쓰도록 합시다.
   (   )

57) 世上은 넓고 할 일은 많다.
   (   )

58) 오른팔이 아파서 친구가 代書해 주었다.
                  (   )

59) 회사직원들과 會食을 했다.
            (   )

60) 手巾은 항상 청결히 써야 한다.
   (   )

61) 아무리 계산해도 合計가 맞지 않다.
              (   )

62) 커피숍이 古風스럽게 잘 꾸며져 있다.
          (   )

63) 毛皮로 된 겨울옷은 잘 보관해야 한다.
   (   )

64) 住所가 분명치 않아 편지가 되돌아 왔다.
   (   )

65) 동물원에서 白虎를 보았다.
            (   )

자. 다음 물음에 알맞는 답을 쓰시오.

66) 革의 뜻을 두 가지 쓰시오.
    ①   ②

67) 行의 두 가지 음을 쓰시오.
    ①   ②

68) 學의 부수로 맞는 것은? (   )
    ① 冖   ② 臼   ③ 子   ④ 爻

차. 다음의 뜻에 알맞는 한자성어를 쓰시오.

69) 예사로운 말 가운데 단단한 뜻이 들어
    있다는 말 (   )

70) 많은 가운데서 가장 적은 것의 비유
   (   )

카. 다음 훈음에 맞는 한자를 쓰시오.

| 본보기 : 효도 효 (孝) |

71) 옷   의 (   ) 72) 가르칠 교 (   )
73) 가로 왈 (   ) 74) 여름   하 (   )
75) 봄   춘 (   ) 76) 겨울   동 (   )
77) 가을 추 (   ) 78) 동녘   동 (   )
79) 서녘 서 (   ) 80) 남녘   남 (   )
81) 면할 면 (   ) 82) 멀   원 (   )
83) 일   사 (   ) 84) 이를   지 (   )
85) 집   실 (   ) 86) 대답   답 (   )
87) 친할 친 (   ) 88) 학교   교 (   )
89) 각시 씨 (   ) 90) 나라이름 한 (   )

타. 다음 밑줄친 단어를 한자로 고쳐 쓰시오.

| 본보기 : 부모님께 효도를 하자. |
| (孝道) |

91) 태백산은 강원도에 있다.
         (   )

92) 이번 비로 팔당댐의 수문이 열렸다.
                    (   )

93) 자동차의 증가로 대기 오염이 심각하다.
              (   )

94) 나의 유년시절을 잊지 못할 것이다.
       (   )

95) 지식보다는 먼저 정직한 사람이 되라.
                (   )

96) 모든 내용을 오후까지 입력해 놓으시오.
                  (   )

97) 아직도 수학 실력이 많이 부족하다.
                  (   )

98) 선생님의 고견을 듣고 싶습니다.
         (   )

99) 천지간에 오직 사람이 가장 귀하다.
   (   )

100) 향수를 뿌리지 않아도 향내가 난다.
    (   )

6급 기출 문제 모범 답안

■ 제1회 (☞ 27~28쪽)

1)내외 2)좌우 3)전후 4)형제 5)천지 6)춘하 7)상하 8)문답 9)추동 10)고금 11)유무 12)교실 13)효행 14)중대 15)소녀 16)학교 17)옥색 18)강산 19)남북 20)동서 21)地 22)外 23)活 24)革 25)禾.9 26)木.8 27)앞전 28)일곱칠 29)하늘천 30)아홉구 31)남녘남 32)북녘북 33)왼좌 34)오른우 35)새을 36)사내남.남자남 37)뒤후 38)봄춘 39)여름하 40)가을추 41)겨울동 42)이제금 43)옛고 44)맏형 45)아우제 46)바를정 47)上下 48)正直 49)分明 50)男女 51)多少 52)성명 53)효도 54)형제 55)정직 56)백옥 57)출세 58)동문 59)다년 60)초목 61)성명 62)천재 63)이장 64)정직 65)죽림 66)② 67)② 68)① 69)일문일답 70)일거양득 71)下 72)今 73)古 74)東 75)冬 76)西 77)內 78)左 79)三 80)七 81)日 82)天 83)外 84)地 85)父 86)母 87)年 88)木 89)川 90)正 91)分明 92)老少 93)日氣 94)火 95)蟲齒 96)夜間 97)漢字 98)來日 99)火車 100)住所

■ 제2회 (☞ 29~30쪽)

1)소녀 2)형제 3)청백 4)합동 5)백성 6)일기 7)호주 8)지기 9)옥색 10)전면 11)음색 12)향초 13)감언 14)중대 15)효행 16)근대 17)정직 18)강산 19)불효 20)제자 21)地 22)短 23)室 24)原 25)3획 26)5획 27)바를정 28)가르칠교 29)모름지기수 30)고을동.골동 31)조각편 32)합할합 33)하늘천 34)임금왕 35)여름하 36)사내남.남자남 37)붉을적 38)주인주 39)가죽혁 40)검을흑 41)용룡 42)수건건 43)고을곡.골곡 44)편안안 45)서녘서 46)새을 47)文書 48)左手 49)立身 50)學問 51)所有 52)다음 해.올해의 다음 해 53)그 땅에 사는 백성 54)이치에 들어맞는 훌륭한 말 55)바르고 곧음. 56)백옥 57)성명 58)동문 59)다년간 60)초목 61)한강 62)천재 63)이장 64)신분 65)죽림 66)④ 67)③ 68)① 69)問.答 70)일거양득 71)冬 72)邑 73)非 74)才 75)豆 76)阜 77)辛 78)穴 79)己 80)又 81)止 82)辰 83)川 84)今 85)齊 86)耳 87)走 88)斤 89)外 90)衣 91)言行一致 92)來日 93)日氣 94)記事 95)自家用車 96)入學生 97)本名 98)一等 99)漢字 100)火車

■ 제3회 (☞ 31~32쪽)

1)야식 2)상서 3)전후 4)춘추 5)연초 6)안전 7)주민 8)흑색 9)성씨 10)우각 11)유무 12)동서 13)충치 14)활기 15)불효 16)정직 17)소학 18)문자 19)하지 20)선생 21)近 22)幼.短 23)鳥 24)革 25)4 26)5 27)무거울중 28)말두 29)알지 30)푸를청 31)머리수 32)양양 33)벼화 34)검을현 35)점복 36)모름지기수 37)갈지 38)일천천 39)코비 40)알란 41)보리맥 42)쉴휴 43)아우제 44)말마 45)수건건 46)뼈골 47)敎室 48)合計 49)方向 50)登校 51)老少 52)혈연관계가 있는사람 53)하늘과 땅 54)손으로 만든 공예품 55)보고 느낀 의견 56)회장 57)부모 58)주식 59)백화 60)문학 61)교회 62)전교 63)등산 64)치아 65)시민 66)生家.本家.外家.大家 67)③ 68)짧은 시간.한 마디.부모와 자식 간.촌수의 한 가지. 69)十.中 70)足.血 71)無 72)兄 73)江 74)里 75)虎 76)明 77)記 78)代 79)朝 80)世 81)高 82)老 83)花 84)香 85)字 86)遠 87)毛 88)幼 89)初 90)蟲.虫 91)生辰 92)家計 93)多少 94)活用 95)自白 96)登用 97)戰力 98)事前 99)出馬 100)黃金

■ 제4회 (☞ 33~34쪽)

1)성군 2)재능 3)추가 4)공동 5)시작 6)결합 7)노인 8)여자 9)적토 10)영원 11)효행 12)촌장 13)현미 14)청춘 15)풍차 16)감언 17)입문 18)사회 19)식용 20)임야 21)地 22)白 23)皮 24)生 25)5 26)3 27)바다해 28)합할합 29)착할선 30)사귈교 31)올래 32)이룰성 33)운세운 34)충성충 35)사람인 36)더할가 37)설립 38)다닐행 39)함께공 40)새신 41)이름명 42)어질인 43)수풀림 44)법법 45)일만만 46)무거울중 47)空軍 48)前後 49)道理 50)父兄 51)死亡 52)손으로 만든 공예품 53)하늘과 땅 54)위와 아래 55)옛과 오늘 56)기사 57)국화 58)영국 59)왕위 60)문학 61)협조 62)전교 63)교우 64)이장 65)시민 66)古 67)亡 68)스스로 묻고 답함 69)직선 70)죽마지우 71)多 72)學 73)信 74)時 75)市 76)江 77)己 78)事 79)百 80)溫 81)姓 82)未 83)村 84)死 85)子 86)友 87)同 88)林 89)末 90)成 91)生日 92)來日 93)本分 94)正答 95)天下 96)世界 97)全力 98)漢江 99)出品 100)萬一

■ 제5회 (☞ 35~36쪽)

1)내외 2)좌우 3)전후 4)형제 5)천지 6)춘하 7)상하 8)문답 9)추동 10)고금 11)유선 12)교실 13)효행 14)중대 15)소녀 16)학교 17)옥색 18)강산 19)남북 20)동서 21)地 22)外 23)活 24)皮 25)禾.9 26)木.8 27)앞전 28)일곱칠 29)하늘천 30)아홉구 31)남녘남 32)북녘북 33)왼좌 34)오른우 35)새을 36)사내남,남자남 37)뒤후 38)봄춘 39)여름하 40)가을추 41)겨울동 42)이제금 43)옛고 44)맏형 45)아우제 46)바를정 47)上下 48)正直 49)分明 50)男女 51)다소 52)성명 53)효도 54)형제 55)일정 56)일기 57)출세 58)동문 59)다년 60)초목 61)성명 62)천재 63)이장 64)정직 65)죽림 66)③ 67)① 68)④ 69)一擧兩得 70)一.答 71)下 72)今 73)古 74)東 75)冬 76)西 77)內 78)左 79)三 80)七 81)日 82)天 83)外 84)地 85)父 86)母 87)年 88)木 89)川 90)正 91)分明 92)老少 93)日氣 94)火 95)蟲齒 96)夜間 97)漢字 98)來日 99)姓名 100)住所

6급 예상 문제 모범 답안

■ 제1회 (☞ 37~38쪽)

1) 흑백 2) 방향 3) 원근 4) 초원 5) 효녀 6) 장유 7) 하지 8) 추석 9) 입동 10) 편도 11) 친지 12) 남북 13) 이목 14) 산양 15) 본래 16) 유무 17) 좌우 18) 읍민 19) 초본 20) 혈육 21) 少 22) 答 23) 革 24) 男 25) 黃, 12 26) 飛, 9 27) 골 곡 28) 콩 두 29) 검을 현 30) 지게 호 31) 아침 조 32) 화살 시 33) 쇠 금 34) 보일 시 35) 안 내 36) 서녘 서 37) 강 강 38) 맏 형 39) 머리 수 40) 세상 세 41) 삼 마 42) 알 란 43) 푸를 청 44) 견줄 비 45) 벼 화 46) 활 궁 47) 死力 48) 安心 49) 風力 50) 大地 51) 赤字 52) '성'의 경칭 53) 바로 이제, 금방 54) 많은 수나 양을 합하여 셈함 55) 그 땅에 사는 백성 56) 등교 57) 오전 58) 죽림 59) 간식 60) 기입 61) 노후 62) 대신 63) 동구 64) 명품 65) 부족 66) ③ 67) ④ 68) ① 69) 三日天下 70) 水魚之交 71) 甘 72) 韓 73) 雨 74) 香 75) 衣 76) 休 77) 市 78) 臣 79) 百 80) 角 81) 花 82) 所 83) 毋 84) 短 85) 又 86) 五 87) 里 88) 犬 89) 龍 90) 舟 91) 鼻音 92) 氣分 93) 外交 94) 敎室 95) 漢文 96) 行事 97) 正直 98) 蟲齒 99) 六學年 100) 活用

■ 제2회 (☞ 39~40쪽)

1) 적자 2) 후문 3) 형제 4) 흑백 5) 초본 6) 선천 7) 문신 8) 교실 9) 전면 10) 한식 11) 입하 12) 합동 13) 소계 14) 무지 15) 정품 16) 주인 17) 불효 18) 야간 19) 혈서 20) 일등 21) 今 22) 短(幼) 23) 洞(村) 24) 地 25) 革, 9 26) 片, 4 27) 어머니 모 28) 사슴 록 29) 실 사 30) 가지런할 제 31) 손톱 조 32) 날 비 33) 화살 시 34) 물고기 어 35) 배 주 36) 삼 마 37) 매울 신 38) 마디 촌 39) 고을 읍 40) 언덕 부 41) 귀신 귀 42) 대답 답 43) 쌀 미 44) 보리 맥 45) 수풀 림 46) 벌레 충 47) 登校 48) 老少 49) 姓名 50) 齒牙 51) 直角 52) 새로 지은 집 등에 들어가 삶. 53) 가까운 요즈음 54) 체험을 손수 적음. 55) 집안 식구 56) 생활 57) 북한 58) 일출 59) 청춘 60) 기분 61) 일기 62) 강남 63) 교우 64) 추석 65) 시민 66) ④ 67) ③ 68) ④ 69) 三十六計 70) 靑天白日 71) 遠 72) 辰 73) 龍 74) 矛 75) 死 76) 之 77) 世 78) 外 79) 王 80) 止 81) 骨 82) 休 83) 瓦 84) 短 85) 支 86) 重 87) 學 88) 免 89) 鳥 90) 道 91) 目前 92) 黃色 93) 地方 94) 安心 95) 臣下 96) 風向 97) 香氣 98) 虎皮 99) 飛行 100) 馬車

■ 제3회 (☞ 41~42쪽)

1) 주행 2) 이목 3) 천지 4) 감초 5) 선생 6) 전문 7) 고대 8) 부모 9) 양피 10) 흑심 11) 형제 12) 각목 13) 방향 14) 휴일 15) 면색 16) 근래 17) 백미 18) 청춘 19) 혈육 20) 백성 21) 外 22) 右 23) 洞 24) 活 25) 龍, 16 26) 齒, 15 27) 모름지기 수 28) 뼈 골 29) 손톱 조 30) 소리 음 31) 어릴 유 32) 아닐 비 33) 근본 원 34) 말 두 35) 면할 면 36) 별 진 37) 실 사 38) 털 모 39) 처음 초 40) 또 우 41) 오를 등 42) 보일 시 43) 매울 신 44) 코 비 45) 이제 금 46) 바 소 47) 古事 48) 長短 49) 交友 50) 午前 51) 先親 52) 밤 사이. 해가 져서 뜰 때까지 53) 물어보고 대답함 54) 말이 없음. 55) 향냄새 56) 추동 57) 사촌 58) 한강 59) 기사 60) 분명 61) 출금 62) 수중 63) 부족 64) 고등 65) 일천명 66) ①젊다 ②적다 67) ② 68) ③ 69) 南男北女 70) 十中八九 71) 皐 72) 安 73) 韓 74) 飛 75) 羽 76) 卵 77) 瓜 78) 矛 79) 穴 80) 重 81) 支 82) 而 83) 遠 84) 麻 85) 麥 86) 比 87) 干 88) 豆 89) 毋 90) 虎 91) 立夏 92) 入室 93) 花草 94) 至大 95) 衣食住 96) 工夫 97) 老後 98) 正字 99) 學校 100) 十年

■ 제4회 (☞ 43~44쪽)

1) 시외 2) 식언 3) 방주 4) 동서 5) 합계 6) 하지 7) 민주 8) 백옥 9) 어패 10) 우수 11) 현미 12) 읍민 13) 구비 14) 음색 15) 천지 16) 용마 17) 원촌 18) 노소 19) 간지 20) 좌우 21) 死 22) 後 23) 戶 24) 男 25) 鹿, 11 26) 矛, 5 27) 깃 우 28) 점칠 복 29) 머무를 간 30) 기와 와 31) 새 을 32) 혀 설 33) 가죽 혁 34) 수건 건 35) 수풀 림 36) 범 호 37) 곧을 직 38) 알 지 39) 가까울 근 40) 서녘 서 41) 밝을 명 42) 털 모 43) 조각 편 44) 골 동 45) 벗 우 46) 도끼 근 47) 草原 48) 羊皮 49) 品名 50) 正答 51) 青年 52) 자기의 손, 자기 혼자의 노력 53) 혈액이 혈관 밖으로 나옴. 54) 바람이 부는 방향 55) 한가위 56) 문씨 57) 문안 58) 형제 59) 골육 60) 교실 61) 소유 62) 인사 63) 하차 64) 교대 65) 한자 66) ③ 67) ① 68) ④ 69) 九死一生 70) 水魚之交 71) 鳥 72) 牙 73) 免 74) 飛 75) 麻 76) 辰 77) 絲 78) 戈 79) 鬼 80) 谷 81) 登 82) 姓 83) 氣 84) 初 85) 幼 86) 朝 87) 家 88) 穴 89) 香 90) 重 91) 會見 92) 走行 93) 書道 94) 一等 95) 不正 96) 身分 97) 面刀 98) 活力 99) 來韓 100) 學校

■ 제5회 (☞ 45~46쪽)

1) 친우 2) 선생 3) 주행 4) 추석 5) 성명 6) 야간 7) 지인 8) 용품 9) 유무 10) 한문 11) 휴일 12) 원근 13) 가사 14) 입신 15) 분지 16) 정직 17) 부자 18) 녹각 19) 충치 20) 전후 21) 短(幼) 22) 外 23) 身 24) 里 25) 鼻, 14 26) 瓜, 5 27) 가지런할 제 28) 실 사 29) 모름지기 수 30) 창 모 31) 골 곡 32) 기와 와 33) 손톱 조 34) 벗 우 35) 검을 현 36) 근본 원 37) 수건 건 38) 재주 재 39) 온전할 전 40) 그칠 지 41) 구멍 혈 42) 편안 안 43) 바람 풍 44) 아홉 구 45) 머리 수 46) 아닐 비 47) 今年 48) 不足 49) 交代 50) 孝行 51) 重大 52) 남의 아내의 높임말 53) 죽느냐 사느냐의 갈림. 54) 생활의 본거인 장소 55) 분량이나 정도의 많음과 적음 56) 음색 57) 등교 58) 초등 59) 조회 60) 청춘 61) 이촌 62) 내일 63) 소견 64) 시중 65) 합동 66) ③ 67) ①소우 ②낮오 68) ④ 69) 明明白白 70) 一長一短 71) 又 72) 麻 73) 士 74) 鳥 75) 麥 76) 阜 77) 艮 78) 七 79) 面 80) 辰 81) 矢 82) 本 83) 母 84) 毋 85) 之 86) 斤 87) 干 88) 黑 89) 飛 90) 辛 91) 小心 92) 古書 93) 工學 94) 肉食 95) 黃金 96) 香氣 97) 手記 98) 白玉 99) 教室 100) 南北

■ 제6회 (☞ 47~48쪽)

1) 소녀 2) 장유 3) 한학 4) 형씨 5) 현미 6) 등산 7) 원근 8) 죽림 9) 호구 10) 유무 11) 친우 12) 석문 13) 다언 14) 춘화 15) 합계 16) 남한 17) 동리 18) 백마 19) 민어 20) 골육 21) 今 22) 足 23) 鳥 24) 矛 25) 糸, 12 26) 瓦, 5 27) 밤 야 28) 언덕 부 29) 말 두 30) 털 모 31) 또 우 32) 면할 면 33) 귀신 귀 34) 오른쪽 우 35) 아닐 비 36) 골 곡 37) 코 비 38) 뿔 각 39) 귀 이 40) 가지런할 제 41) 일 사 42) 가로 왈 43) 콩 두 44) 무거울 중 45) 물고기 어 46) 손톱 조 47) 立秋 48) 校正 49) 衣食 50) 工夫 51) 問安 52) 양의 가죽 53) 불의 뜨거운 기운 54) 같은 소리 55) 풀이 난 들 56) 대가 57) 인력거 58) 주행 59) 천자문 60) 일기 61) 명시 62) 활용 63) 성명 64) 사촌 65) 풍우 66) ①가죽 ②고치다 67) ①행 ②항 68) ① 69) 十人十色 70) 先見之明 71) 齒 72) 黑 73) 全 74) 邑 75) 直 76) 比 77) 辰 78) 分 79) 江 80) 舟 81) 赤 82) 百 83) 貝 84) 問 85) 世 86) 初 87) 七 88) 代 89) 答 90) 短 91) 外出 92) 支所 93) 同氣間 94) 地方 95) 朝會 96) 午後 97) 來年 98) 書室 99) 黃色 100) 香水

■ 제7회 (☞ 49~50쪽)

1) 칠등 2) 대회 3) 호주 4) 호피 5) 간지 6) 오전 7) 현미 8) 향수 9) 서기 10) 남향 11) 한우 12) 공고 13) 모골 14) 품목 15) 형제 16) 초면 17) 황토 18) 고금 19) 생사 20) 마의 21) 白 22) 短(幼) 23) 矛 24) 戶(室) 25) 革, 9 26) 阜, 8 27) 머무를 간 28) 개 견 29) 근본 원 30) 나눌 분 31) 매울 신 32) 대답 답 33) 문 문 34) 다섯 오 35) 말 무 36) 어금니 아 37) 붉을 적 38) 머리 수 39) 쉴 휴 40) 있을 유 41) 멀 원 42) 구멍 혈 43) 여름 하 44) 봄 춘 45) 조각 편 46) 대신할 대 47) 本來 48) 合同 49) 親友 50) 下敎 51) 比重 52) 사실을 적음. 53) 사회에서 지위를 얻어 출세함. 54) 웃어른께 안부를 여쭘. 55) 요사이 56) 주행 57) 고견 58) 충치 59) 수건 60) 시외 61) 성명 62) 읍장 63) 생활 64) 주민 65) 조석 66) ③ 67) ①북녘북 ②패할배 68) ③ 69) 鳥足之血 70) 馬耳東風 71) 而 72) 千 73) 免 74) 龍 75) 氏 76) 谷 77) 又 78) 羊 79) 止 80) 矢 81) 氣 82) 計 83) 短 84) 臣 85) 玉 86) 後 87) 須 88) 先 89) 交 90) 登 91) 八方 92) 山所 93) 不死 94) 前上書 95) 秋夕 96) 天才 97) 漢江 98) 年老 99) 靑少年 100) 記入

■ 제8회 (☞ 51~52쪽)

1) 금년 2) 감초 3) 편도 4) 세상 5) 방향 6) 수족 7) 조석 8) 남녀 9) 춘추 10) 초등 11) 다소 12) 산천 13) 동음 14) 한방 15) 친우 16) 의식 17) 치아 18) 문학 19) 입주 20) 효심 21) 右 22) 少 23) 活 24) 鳥 25) 口, 7 26) 風, 9 27) 옛 고 28) 혀 설 29) 뿔 각 30) 머무를 간 31) 겨울 동 32) 향기 향 33) 면할 면 34) 날 비 35) 쉴 휴 36) 죽을 사 37) 범 호 38) 일 사 39) 알 지 40) 나눌 분 41) 달릴 주 42) 대답 답 43) 몸 신 44) 골 동 45) 서녘 서 46) 모름지기 수 47) 幼蟲 48) 東風 49) 名馬 50) 用品 51) 子正 52) 누른 빛깔 53) 살아있는 물고기 54) 산과 숲 55) 남의 아내의 높임말 56) 야간 57) 일기 58) 원근 59) 합계 60) 교생 61) 천재 62) 흑백 63) 제자 64) 문안 65) 서면 66) ①별진 ②때신 67) ①손톱조 ②오이과 68) ④ 69) 七月七夕 70) 言中有骨 71) 香 72) 舌 73) 艮 74) 前 75) 夏 76) 之 77) 交 78) 馬 79) 民 80) 而 81) 卜 82) 斗 83) 絲 84) 又 85) 兄 86) 龍 87) 外 88) 後 89) 出 90) 麥 91) 非行 92) 不明 93) 三姓穴 94) 血氣 95) 皮革 96) 赤十字 97) 家父長 98) 原本 99) 大會 100) 韓牛

■ 제9회 (☞ 53~54쪽)

1) 양피 2) 향초 3) 감언 4) 전면 5) 원근 6) 지기 7) 중대 8) 주력 9) 옥색 10) 소맥 11) 소녀 12) 단도 13) 수제자 14) 소유 15) 명답 16) 황우 17) 합동 18) 불효 19) 휴교 20) 금사 21) 地 22) 外 23) 家 24) 原 25) 辰, 7 26) 麻, 11 27) 모름지기 수 28) 가르칠 교 29) 옷 의 30) 향할 향 31) 용 룡 32) 가죽 혁 33) 조각 편 34) 편안 안 35) 도끼 근 36) 매울 신 37) 검을 흑 38) 골 곡 39) 사내 남 40) 바를 정 41) 서녘 서 42) 말 무 43) 구멍 혈 44) 뼈 골 45) 새 을 46) 사슴 록 47) 夏至 48) 文書 49) 立身 50) 學問 51) 雨水 52) 남에게 자기 아버지를 일컫는 말 53) 올해의 다음해 54) '성'의 경칭 55) 어린 벌레 56) 동방 57) 회장 58) 후견인 59) 활기 60) 노부모 61) 주식 62) 교우 63) 호구 64) 읍민 65) 백화 66) ①漢字 ②文字 67) 짧은 시간, 한마디 68) ① 69) 鳥足之血 70) 十中八九 71) 記 72) 明 73) 七 74) 虎 75) 玄 76) 韓 77) 漢 78) 齊 79) 赤 80) 無 81) 代 82) 里 83) 江 84) 羽 85) 兄 86) 道 87) 朝 88) 角 89) 高 90) 世 91) 出馬 92) 登用 93) 自白 94) 春川 95) 千秋 96) 下直 97) 非行 98) 死力 99) 事前 100) 生計

■ 제10회 (☞ 55~56쪽)
1) 전년 2) 현미 3) 음색 4) 소견 5) 혈서 6) 춘추 7) 근대 8) 정직 9) 풍향 10) 형제 11) 백성 12) 황금 13) 강천 14) 일기 15) 명답 16) 청백 17) 마의 18) 호주 19) 무친 20) 교우 21) 夕 22) 短(幼) 23) 乙 24) 己(體) 25) 两, 6 26) 母, 5 27) 실 사 28) 면할 면 29) 죽을 사 30) 붉을 적 31) 모름지기 수 32) 코 비 33) 북녘 북 34) 사슴 록 35) 고을 읍 36) 여름 하 37) 조각 편 38) 귀신 귀 39) 집 실 40) 깃 우 41) 합할 합 42) 구멍 혈 43) 언덕 부 44) 사내 부 45) 골 동 46) 머무를 간 47) 市立 48) 左手 49) 知事 50) 所有 51) 火食 52) 그 땅에 사는 백성 53) 마음을 편안히 가짐. 54) 이치에 들어맞는 훌륭한 말 55) 풀이난 들 56) 한방 57) 피혁 58) 면목 59) 문학 60) 등산 61) 교회 62) 내일 63) 전교 64) 동지 65) 치아 66) ④ 67) ③ 68) ① 69) 三日天下 70) 之東之西 71) 虎 72) 花 73) 幼 74) 龍 75) 瓜 76) 品 77) 瓦 78) 香 79) 老 80) 走 81) 毛 82) 氏 83) 初 84) 韓 85) 問 86) 蟲 87) 麥 88) 辛 89) 遠 90) 字 91) 生辰 92) 同行 93) 前夜 94) 家計 95) 多少 96) 重大 97) 先手 98) 水門 99) 後食 100) 活用

■ 제11회 (☞ 57~58쪽)
1) 심중 2) 안전 3) 양피 4) 원근 5) 조석 6) 풍향 7) 우모 8) 조각 9) 장유 10) 백록 11) 어패 12) 동구 13) 적도 14) 천재 15) 청춘 16) 진한 17) 교대 18) 수기 19) 혈육 20) 입하 21) 臣 22) 干 23) 見 24) 夫 25) 母, 4 26) 辛, 7 27) 또 우 28) 없을 무 29) 아닐 비 30) 젊을 소 31) 글 서 32) 개 견 33) 알 지 34) 말이을 이 35) 가죽 혁 36) 화살 시 37) 혀 설 38) 지게 호 39) 모름지기 수 40) 많을 다 41) 먼저 선 42) 땅 지 43) 왼쪽 좌 44) 가을 추 45) 오른쪽 우 46) 처음 초 47) 飛行 48) 兄弟 49) 親友 50) 身長 51) 生絲 52) 윗사람이 아랫사람에게 가르치어 보임. 53) 개찬. 번역한 것 등에 대한 본디의 문장 54) 성과 이름 55) 모든 사람이 살고 있는 사회의 통칭 56) 대전 57) 한학 58) 오후 59) 자정 60) 교문 61) 주민 62) 품목 63) 실내 64) 치아 65) 금년 66) ② 67) ① 68) ① 69) 一石二鳥 70) 自問自答 71) 至 72) 直 73) 登 74) 重 75) 巾 76) 計 77) 音 78) 香 79) 寸 80) 麥 81) 高 82) 干 83) 豆 84) 齊 85) 短 86) 首 87) 所 88) 片 89) 邑 90) 男 91) 黃金 92) 面會 93) 花草 94) 活氣 95) 方言 96) 比等 97) 外食 98) 力不足 99) 玄米 100) 分明

■ 제12회 (☞ 59~60쪽)
1) 우각 2) 원근 3) 노소 4) 선생 5) 흑색 6) 하지 7) 주민 8) 교실 9) 안전 10) 소학 11) 등교 12) 합계 13) 방향 14) 불효 15) 장유 16) 활기 17) 상서 18) 충치 19) 야식 20) 동서 21) 無 22) 後 23) 黑 24) 革 25) 糸, 12 26) 虍, 8 27) 옷 의 28) 내 천 29) 도끼 근 30) 그칠 지 31) 귀 이 32) 가지런할 제 33) 구멍 혈 34) 바깥 외 35) 언덕 부 36) 달릴 주 37) 또 우 38) 몸 기 39) 이제 금 40) 매울 신 41) 별 진 42) 겨울 동 43) 고을 읍 44) 아닐 비 45) 재주 재 46) 콩 두 47) 春秋 48) 所見 49) 手工 50) 天地 51) 肉親 52) 새해 초 53) 거짓이나, 허식 없이 마음이 바르고 곧음. 54) '성'의 경칭 55) 말의 음과 뜻을 표시하는 시각적 기호 56) 원자력 57) 화차 58) 내일 59) 본명 60) 언행 61) 자가용 62) 기사 63) 일기 64) 일등 65) 입학 66) ① 67) ① 68) ① 69) 一問一答 70) 水魚之交 71) 須 72) 代 73) 乙 74) 禾 75) 羊 76) 首 77) 青 78) 知 79) 斗 80) 重 81) 骨 82) 鳥 83) 馬 84) 弟 85) 休 86) 麥 87) 卵 88) 鼻 89) 香 90) 世 91) 竹林 92) 身分 93) 里長 94) 天才 95) 漢江 96) 草木 97) 多年間 98) 同門 99) 南韓 100) 白玉

■ 제13회 (☞ 61~62쪽)

1) 부족 2) 비등 3) 동남 4) 동지 5) 풍향 6) 답서 7) 현미 8) 야간 9) 소맥 10) 부친 11) 고금 12) 수건 13) 명시 14) 안심 15) 우골 16) 을지 17) 교분 18) 귀재 19) 무인 20) 비상 21) 長 22) 臣 23) 生 24) 身 25) 齊, 14 26) 卩, 7 27) 귀 이 28) 골 곡 29) 말이을 이 30) 일천 천 31) 처음 초 32) 면할 면 33) 실 사 34) 해 년 35) 구멍 혈 36) 누를 황 37) 이치 38) 모름지기 수 39) 백성 민 40) 아침 조 41) 알 지 42) 조각 편 43) 어금니 아 44) 수풀 림 45) 삼 마 46) 창 모 47) 近來 48) 家口 49) 代身 50) 姓名 51) 校正 52) 날마다 생긴 일·느낌 등을 적은 기록 53) 초본의 근본이 되는 문서 54) 수평선과 수직선이 이루는 각 55) 일이 지난 뒤 56) 효녀 57) 적색 58) 원자력 59) 주행 60) 양모 61) 피혁 62) 목전 63) 의식주 64) 등용 65) 읍내 66) ③ 67) ③ 68) ④ 69) 竹馬之友 70) 靑天白日 71) 所 72) 問 73) 氣 74) 遠 75) 地 76) 香 77) 學 78) 計 79) 洞 80) 道 81) 卜 82) 百 83) 兄 84) 午 85) 主 86) 玉 87) 矢 88) 弓 89) 草 90) 工 91) 面會 92) 出世 93) 靑山 94) 秋夕 95) 父母 96) 漢文 97) 北韓 98) 石水 99) 重大 100) 敎室

■ 제14회 (☞ 63~64쪽)

1) 청천 2) 주민 3) 야간 4) 감과 5) 어패 6) 부족 7) 효심 8) 고견 9) 근래 10) 조각 11) 조석 12) 외교 13) 팔촌 14) 죽도 15) 차주 16) 간지 17) 피혁 18) 현미 19) 방주 20) 황색 21) 右 22) 短(幼) 23) 夫 24) 洞 25) 至, 6 26) 走, 7 27) 붉을 적 28) 기록할 기 29) 견줄 비 30) 대답 답 31) 일천 천 32) 가지런할 제 33) 용 룡 34) 쉴 휴 35) 코 비 36) 머무를 간 37) 같을 동 38) 그칠 지 39) 언덕 부 40) 앞 전 41) 혀 설 42) 신하 신 43) 또 우 44) 검을 흑 45) 아닐 비 46) 기와 와 47) 學校 48) 片道 49) 食口 50) 香水 51) 自活 52) 중국의 글자 53) 아버지 54) 허식이 없이 마음이 바르고 곧음. 55) 학교에서 교수하는 방 56) 춘추 57) 초등 58) 성명 59) 등산 60) 유년 61) 백화 62) 후문 63) 무지 64) 초원 65) 생신 66) ④ 67) ① 68) ① 69) 馬耳東風 70) 一口二言 71) 重 72) 品 73) 南 74) 邑 75) 少 76) 音 77) 遠 78) 毋 79) 出 80) 所 81) 問 82) 麻 83) 卵 84) 首 85) 有 86) 向 87) 虎 88) 蟲 89) 林 90) 絲 91) 身分 92) 家臣 93) 十代 94) 齒牙 95) 韓人 96) 行方 97) 會合 98) 文明 99) 三多 100) 兄弟

■ 제15회 (☞ 65~66쪽)

1) 현미 2) 향후 3) 비행 4) 중지 5) 합계 6) 야간 7) 금사 8) 천재 9) 남한 10) 수건 11) 강천 12) 시립 13) 비중 14) 황색 15) 공사 16) 소년 17) 소유 18) 자신 19) 선천 20) 내실 21) 遠 22) 問 23) 皮 24) 夫 25) 阜, 8 26) 羽, 6 27) 매울 신 28) 서녘 서 29) 늙을 로 30) 땅 지 31) 무리 등 32) 일천 천 33) 뼈 골 34) 볼 견 35) 지탱할 지 36) 가지런할 제 37) 말 두 38) 각시 씨 39) 용 룡 40) 도끼 근 41) 화살 시 42) 말이을 이 43) 옷 의 44) 방패 간 45) 날 비 46) 골 곡 47) 人品 48) 弟子 49) 漢字 50) 分明 51) 民心 52) 옛적과 지금 53) 교과서 54) 일반 국민의 예스러운 말 55) 수평선과 수직선이 이루는 각 56) 감초 57) 중지 58) 대서소 59) 불사조 60) 불효 61) 직언 62) 동리 63) 혈기 64) 기입 65) 무촌 66) ④ 67) ② 68) ④ 69) 馬耳東風 70) 生面不知 71) 須 72) 卜 73) 登 74) 示 75) 赤 76) 初 77) 辰 78) 休 79) 免 80) 短 81) 夏 82) 舟 83) 安 84) 會 85) 多 86) 名 87) 走 88) 活 89) 音 90) 齒 91) 方言 92) 學父兄 93) 長幼 94) 高原 95) 交友 96) 家門 97) 肉食 98) 來日 99) 冬至 100) 黑白

■ 제16회 (☞ 67~68쪽)
1) 치아 2) 사각 3) 간지 4) 감초 5) 강산 6) 어란 7) 초등 8) 대금 9) 청룡 10) 천리 11) 우마 12) 공학 13) 노소 14) 적색 15) 백미 16) 원맥 17) 합계 18) 고부 19) 부족 20) 비중 21) 遠 22) 無 23) 鳥 24) 黑 25) ⺧, 12 26) 父, 10 27) 가지런할 제 28) 조각 편 29) 조개 패 30) 말 무 31) 혀 설 32) 가죽 피 33) 벼 화 34) 쉴 휴 35) 화살 시 36) 집 실 37) 털 모 38) 낯 면 39) 면할 면 40) 가죽 혁 41) 가을 추 42) 긴 장 43) 짧을 단 44) 말 두 45) 수풀 림 46) 이를 지 47) 用心 48) 年老 49) 人品 50) 洞口 51) 本來 52) 외국과의 교제(타인과의 교제) 53) 제 힘으로 생활함. 54) 서로 잘 알고 친근하게 지내는 사람 55) 말의 음과 뜻을 표시하는 시각적 기호 56) 면도 57) 사천왕 58) 기력 59) 수제자 60) 생신 61) 야간 62) 입동 63) 교회 64) 수건 65) 교장 66) ④ 67) ③ 68) ② 69) 左之右之 70) 先見之明 71) 短 72) 食 73) 漢 74) 戶 75) 幼 76) 谷 77) 肉 78) 虎 79) 朝 80) 花 81) 爪 82) 絲 83) 近 84) 南 85) 安 86) 行 87) 今 88) 非 89) 古 90) 己 91) 白衣 92) 地方 93) 古風 94) 無記名 95) 前上書 96) 比重 97) 三面 98) 山所 99) 市道 100) 後世

■ 제17회 (☞ 69~70쪽)
1) 어패 2) 초로 3) 우기 4) 치아 5) 식사 6) 정답 7) 향기 8) 한학 9) 일기 10) 수면 11) 야간 12) 유무 13) 교우 14) 주행 15) 선생 16) 근래 17) 고금 18) 석궁 19) 청색 20) 이목 21) 北 22) 外 23) 身 24) 鳥 25) 厂, 10 26) 音, 9 27) 나라이름 한 28) 높을 고 29) 맏형 30) 각시 씨 31) 범 호 32) 길 도 33) 지탱할 지 34) 날 비 35) 누를 황 36) 삼 마 37) 실 사 38) 말 마 39) 코 비 40) 벌레 충 41) 서녘 서 42) 뿔 각 43) 아침 조 44) 붉을 적 45) 언덕 부 46) 어릴 유 47) 子弟 48) 靑天 49) 死活 50) 比重 51) 冬至 52) 사람의 품격 53) 규모가 큼. 54) 봄, 가을(나이, 역사) 55) 24절기의 일곱째(양력 5월 5, 6일경) 56) 천안문 57) 본분 58) 장단 59) 출입 60) 동민 61) 조석 62) 팔방 63) 일등 64) 심신 65) 동문 66) ①젊다 ②적다 67) ② 68) ① 69) 不老長生 70) 水魚之交 71) 禾 72) 卜 73) 黑 74) 向 75) 首 76) 後 77) 世 78) 全 79) 麥 80) 所 81) 非 82) 牛 83) 骨 84) 九 85) 知 86) 皮 87) 辰 88) 問 89) 鹿 90) 會 91) 原子力 92) 姓名 93) 年代 94) 登用 95) 文明 96) 母校 97) 白羊山 98) 書室 99) 手工 100) 親家

■ 제18회 (☞ 71~72쪽)
1) 수제자 2) 무휴 3) 화초 4) 유년 5) 효심 6) 근래 7) 소맥 8) 죽림 9) 고씨 10) 고금 11) 동지 12) 호피 13) 한자 14) 시민 15) 육각 16) 백성 17) 삼천리 18) 합계 19) 역사 20) 비상 21) 後 22) 黑 23) 活 24) 家(戶) 25) 香, 9 26) 玄, 5 27) 살 주 28) 설 립 29) 말이을 이 30) 손톱 조 31) 기와 와 32) 오이 과 33) 갈 지 34) 알 지 35) 귀 이 36) 쌀 미 37) 밤 야 38) 골 곡 39) 또 우 40) 피 혈 41) 말씀 언 42) 가지런할 제 43) 새 을 44) 견줄 비 45) 창 과 46) 물건 품 47) 目下 48) 明示 49) 心氣 50) 非行 51) 多方面 52) 어머니의 친정 53) 친밀한 정분 54) 일반 국민의 사회 55) 자기가 졸업한 학교 56) 등기소 57) 충치 58) 정직 59) 일본 60) 한강 61) 천재 62) 추석 63) 자신 64) 중대 65) 문학소녀 66) ③ 67) ① 68) ① 69) 一長一短 70) 東問西答 71) 原 72) 音 73) 市 74) 矛 75) 弓 76) 鹿 77) 會 78) 止 79) 阜 80) 穴 81) 朝 82) 禾 83) 矢 84) 舟 85) 革 86) 鼻 87) 風 88) 教 89) 遠 90) 走 91) 世代 92) 安全 93) 韓牛 94) 大魚 95) 人工 96) 初等 97) 書面 98) 車道 99) 先入見 100) 黃色

■ 제19회 (☞ 73~74쪽)

1) 한식 2) 초등 3) 제자 4) 동민 5) 남북 6) 단견 7) 마부 8) 혈육 9) 문호 10) 정오 11) 김씨 12) 동지 13) 직전 14) 안전 15) 선수 16) 지소 17) 중석 18) 중지 19) 지면 20) 방금 21) 下(落) 22) 答 23) 革 24) 黑 25) 齒, 15 26) 首, 9 27) 또 우 28) 구슬 옥 29) 모름지기 수 30) 어릴 유 31) 실 사 32) 수풀 림 33) 누를 황 34) 수건 건 35) 매울 신 36) 여름 하 37) 배 주 38) 달릴 주 39) 손톱 조 40) 도끼 근 41) 알 란 42) 구멍 혈 43) 땅 지 44) 범 호 45) 신하 신 46) 뼈 골 47) 合計 48) 不足 49) 敎本 50) 家口 51) 草木 52) 24절기의 열셋째 (양력 8월 8, 9일경) 53) 규모가 큼.(뜻이 큼.) 54) 가고 오는 길 중 어느 한쪽 55) 사실을 적음 56) 학교 57) 자음 58) 자가용 59) 심기 60) 교문 61) 녹각 62) 노후 63) 부인 64) 남자 65) 명궁 66) ③ 67) ①손톱조 ②오이과 68) ③ 69) 百年大計 70) 竹馬之友 71) 室 72) 須 73) 齊 74) 年 75) 會 76) 赤 77) 古 78) 活 79) 免 80) 左 81) 辰 82) 邑 83) 近 84) 非 85) 右 86) 飛 87) 艮 88) 文 89) 書 90) 朝 91) 交代 92) 直前 93) 山色 94) 生年月日 95) 日氣 96) 面前 97) 衣食住 98) 八方 99) 品行 100) 蟲齒

■ 제20회 (☞ 75~76쪽)

1) 생신 2) 백천 3) 현황 4) 육촌 5) 품목 6) 금명간 7) 금사 8) 교우 9) 근래 10) 초로 11) 동장 12) 공부 13) 조석 14) 무등 15) 교본 16) 치아 17) 중지 18) 다각 19) 외면 20) 감초 21) 後 22) 黑 23) 原 24) 男 25) 七, 5 26) 飛, 9 27) 지탱할 지 28) 견줄 비 29) 골 곡 30) 백성 민 31) 기록할 기 32) 짧을 단 33) 가지런할 제 34) 귀 이 35) 아우 제 36) 창 모 37) 쌀 미 38) 말 두 39) 아닐 비 40) 보일 시 41) 물고기 어 42) 향기 향 43) 조개 패 44) 벌레 충 45) 무거울 중 46) 보리 맥 47) 先人 48) 漢文 49) 登用 50) 鼻音 51) 男女 52) 선거 등에 입후보함. 53) 제 힘으로 생활함. 54) 향하는 쪽 55) 웃어른께 안부를 여쭘. 56) 성명 57) 세상 58) 대서 59) 회식 60) 수건 61) 합계 62) 고풍 63) 모피 64) 주소 65) 백호 66) ①고치다 ②가죽 67) ①행 ②항 68) ③ 69) 言中有骨 70) 九牛一毛 71) 衣 72) 敎 73) 日 74) 夏 75) 春 76) 冬 77) 秋 78) 東 79) 西 80) 南 81) 免 82) 遠 83) 事 84) 至 85) 室 86) 答 87) 親 88) 校 89) 氏 90) 韓 91) 江原道 92) 水門 93) 大氣 94) 幼年 95) 正直 96) 入力 97) 不足 98) 高見 99) 天地間 100) 香水